新时代智库出版的领跑者

国家智库报告 2023（13）
National Think Tank
社会·政法

全过程人民民主的理论与实践

张树华　王炳权　等著

THEORY AND PRACTICE OF WHOLE-PROCESS OF PEOPLE'S DEMOCRACY

中国社会科学出版社

图书在版编目（CIP）数据

全过程人民民主的理论与实践／张树华等著．—北京：中国社会科学出版社，2023.8（2024.4 重印）
（国家智库报告）
ISBN 978-7-5227-2081-4

Ⅰ.①全… Ⅱ.①张… Ⅲ.①社会主义民主—研究—中国 Ⅳ.①D616

中国国家版本馆 CIP 数据核字（2023）第 147667 号

出 版 人	赵剑英
项目统筹	喻 苗
责任编辑	范晨星 范娟荣
责任校对	周 昊
责任印制	李寡寡

出　　版	中国社会科学出版社
社　　址	北京鼓楼西大街甲 158 号
邮　　编	100720
网　　址	http://www.csspw.cn
发 行 部	010-84083685
门 市 部	010-84029450
经　　销	新华书店及其他书店
印刷装订	北京君升印刷有限公司
版　　次	2023 年 8 月第 1 版
印　　次	2024 年 4 月第 2 次印刷
开　　本	787×1092　1/16
印　　张	9.75
插　　页	2
字　　数	101 千字
定　　价	58.00 元

凡购买中国社会科学出版社图书，如有质量问题请与本社营销中心联系调换
电话：010-84083683
版权所有　侵权必究

摘要：人民民主是中国共产党始终高举的旗帜。党的十八大以来，党中央深刻把握中国社会主要矛盾发生的历史性变化，积极回应人民群众对民主的新要求新期盼，不断深化对民主政治发展规律的认识，创造性提出全过程人民民主重大理念，大力推进社会主义民主政治制度化、规范化、程序化，取得了全面发展全过程人民民主的显著成就，开辟出中国之治的崭新局面。

发展全过程人民民主是中国式现代化的本质要求之一。发展全过程人民民主，必须时刻保持正确的政治方向、清醒的理论认识，树立正确的民主观和全面的政治发展观。必须坚持党的集中统一领导，坚持以人民为中心的发展思想，坚定不移走中国特色社会主义政治发展道路。必须健全民主制度，丰富民主形式，拓宽民主渠道，确保党和国家在决策、执行、监督落实各环节都能听到人民声音、都有人民参与。

"两个大局"凸显了全过程人民民主的国际传播意义，全过程人民民主具有以人民为中心的制度优势、全领域贯穿的理念优势和全方位展现的治理优势，成为新征程对外讲好中国民主故事的底气所在。

关键词：全过程人民民主；人民民主；全过程民主；人民当家作主

Abstract: People's democracy is a banner held high by the Communist Party of China. Since the 18th CPC National Congress, the Party Central Committee has fully grasped the historic changes taking place in the principal contradictions facing Chinese society, actively responded to the people's new demands and expectations for democracy, constantly deepened its understanding of the laws governing the development of democratic politics, creatively proposed a major concept of the whole-process people's democracy, and vigorously promoted institutionalization, standardization, and procedure of socialist democracy. It has made remarkable achievements in all-round development of the whole-process people's democracy and opened up a new situation in the governance of China.

Developing the whole-process people's democracy is one of the essential requirements of Chinese modernization. To develop the whole-process people's democracy, we must always maintain a correct political direction, sober theoretical understanding, and establish a correct view of democracy and a comprehensive view of political development. We must uphold the centralized and unified leadership of the Party, adhere to the philosophy of people-centered development, and unswervingly follow the socialist path of political development with Chinese characteristics. We must improve democratic institutions, enrich its forms and broaden its channels, and ensure that the Party and the state hear the voices of the people and have their participation in all aspects of decision-making, implementation and oversight.

The "two overall situations" highlight the international communication significance of the whole-process people's democracy. The whole-process people's democracy has the advantages of people-centered system, all-round concept and all-round governance, and has become the basis for telling the story of China's democracy well in the new journey.

Key words: the whole-process people's democracy; people's democracy; whole-process democracy; the people's position as masters of the country

目 录

一 学习领会篇 ………………………………… (1)
　(一) 社会主义是中国民主的本质属性与
　　　根本方向 ………………………………… (2)
　(二) 党的领导是实现人民当家作主的
　　　根本保证 ………………………………… (5)
　(三) 人民性是中国民主的鲜明底色与
　　　根本依归 ………………………………… (9)
　(四) 不断健全人民当家作主制度体系 ……… (12)
　(五) 全面发展全过程人民民主 ……………… (16)
　(六) 推动协商民主广泛多层制度化发展 …… (20)
　(七) 以优质民主促进高质量发展 …………… (24)
　(八) 民主的本质性差异与多样化道路 ……… (29)
　(九) 推动国际关系民主化 …………………… (34)
　(十) 百年变局下的中国民主经验 …………… (36)

二 理论阐释篇 (41)

(一) 全过程人民民主是新时代指导社会主义
民主政治建设的重大理念 (42)

(二) 全过程人民民主的理论逻辑 (48)

(三) 全过程人民民主的历史逻辑 (55)

(四) 全过程人民民主的现实逻辑 (60)

(五) 全过程人民民主的理论意义 (64)

(六) 全过程人民民主的实践意义 (67)

(七) 发展全过程人民民主的对策建议 (72)

三 实践与制度篇 (81)

(一) 筑牢全过程人民民主的经济基础 (82)

(二) 坚持以人民为中心的民主发展理念 (84)

(三) 坚持民主集中制原则 (88)

(四) 坚持以人民代表大会制度为重要制度
载体,发挥好各级人大的职能作用 (91)

(五) 进一步提升协商民主效能 (94)

(六) 巩固公共行政的民主基础 (100)

(七) 发挥基层群众自治的民主作用 (103)

(八) 完善人民监督体系,持续改善党风
政风 (105)

(九) 以全过程人民民主推进国家治理现
代化 (109)

四 优势与传播篇 ……………………………（116）

（一）"两个大局"凸显全过程人民民主
　　　国际传播意义 …………………………（116）

（二）全过程人民民主的比较优势夯实
　　　国际传播底气 …………………………（119）

（三）理解民主传播叙事的特点 ……………（127）

（四）探索全过程人民民主国际传播的
　　　可行性方案 ……………………………（134）

参考文献 …………………………………………（142）

后　记 …………………………………………（145）

一　学习领会篇

　　人民民主是中国共产党始终高举的旗帜。党的十八大以来，以习近平同志为核心的党中央立足新的历史方位，总揽国内国际两个大局，深刻把握中国社会主要矛盾发生的新变化，积极回应人民群众对民主的新要求新期盼，深刻吸取古今中外治乱兴衰的经验教训，坚持正确的民主观，深化对中国民主政治发展规律的认识，大力推进协商民主制度化、规范化、程序化，创造性提出全过程人民民主重大理念。

　　全过程人民民主是新时代人民民主的崭新概括，是习近平总书记关于社会主义民主重要思想的最新结晶。全过程人民民主是以人民为主体的正确民主观，是马克思主义民主理论的继承和发展，是当代中国的马克思主义民主理论、二十一世纪马克思主义民主理论。全过程人民民主是植根于中国大地上的伟大创造，有着日趋成熟定型的制度体系作保障，同时也是真实、广泛、高效、全面的高质量民主，成为人类政治文明百花园中引人注目的亮丽景观。

（一）社会主义是中国民主的本质属性与根本方向

从词源上说，民主的基本含义是全体公民或平民的统治，强调作为多数的平民具有统治或支配地位。马克思主义认为，在不同的历史阶段，对不同的阶级来说，民主有着不一样的实际含义。任何民主同任何政治上层建筑一样，归根到底是为生产服务的、是由社会中的生产关系决定的。由于经济基础的不同，民主作为建立于其上的国家制度、国家形态，有着资本主义民主和社会主义民主的根本性区别。资本主义民主建立在生产资料私有制基础之上，是维护资产阶级利益的民主。对于广大劳动群众来说，这种民主是虚伪的，带有明显的剥削和压迫色彩。资本主义国家的普选权一直被滥用，"只是让人民每隔几年行使一次，来选举议会制下的阶级统治的工具"[1]。因此，"资本主义社会里的民主是一种残缺不全的、贫乏的和虚伪的民主，是只供富人、只供少数人享受的民主"[2]。相

---

[1] 马克思:《法兰西内战》，人民出版社2018年版，第103页。
[2] 列宁:《国家与革命》，人民出版社2015年版，第92页。

比之下，社会主义民主建立在生产资料公有制基础上，存在于从资本主义向共产主义过渡的无产阶级专政时期，是第一次提供给人民享受的、大多数人享受的民主，这就是民主在从资本主义向共产主义过渡时改变了的形态。

中国发展民主必须坚持社会主义的本质属性与根本方向。习近平总书记多次强调，我们走的是中国特色社会主义政治发展道路。在这一根本原则问题上，习近平总书记一锤定音，宣示了中国民主必须坚持社会主义这一本质属性与根本方向。习近平总书记指出："要坚持从国情出发、从实际出发，既要把握长期形成的历史传承，又要把握走过的发展道路、积累的政治经验、形成的政治原则，还要把握现实要求、着眼解决现实问题，不能割断历史，不能想象突然就搬来一座政治制度上的'飞来峰'。"[1] 坚持中国特色社会主义政治发展道路，我们既不能走过去封闭僵化的、被实践证明走不通的老路，也不能走改旗易帜、改变社会主义制度根本属性的邪路，更不能裹足不前、固步自封，而是要把坚定制度自信和不断改革创新统一起来。

民主与社会主义密不可分。这一方面意味着民主

---

[1] 习近平：《论坚持人民当家作主》，中央文献出版社2021年版，第80页。

的建设和发展不能偏离社会主义原则和方向；另一方面意味着社会主义在本质上是民主的，民主是社会主义建设的客观要求。在习近平总书记看来，民主问题是关系到社会主义兴衰成败以及中华民族能否实现伟大复兴的重大问题。

一是从民主是社会主义的生命的高度把握社会主义的本质内涵。任何民主就像一般的政治上层建筑一样，由经济基础所决定并反作用于社会生产关系。马克思主义民主理论坚持民主的阶级分析方法，把民主放回一个正确的位置，从而实现了对西式民主的超越。列宁曾指出，谈民主，首先要明确是哪个阶级的民主，对哪个阶级有利？[①] 邓小平认为，要分清资本主义和社会主义民主的根本差异。[②] 习近平总书记强调，人民当家作主是社会主义民主政治的本质和核心。[③] 历史和实践反复证明，社会主义民主能否稳步发展，事关社会主义事业的兴衰成败。经过长期努力，中国建立了以公有制为主体、多种所有制经济共同发展的基本经济制度，实行按劳分配为主体、多种分配方式并存的分配制度。占全国人口绝大多数的人民，在享有生产资料不同形式所有权和分配权上处于平等的经济地位，

[①] 《列宁选集》第3卷，人民出版社2012年版，第593页。
[②] 《邓小平文选》第3卷，人民出版社1993年版，第241页。
[③] 《十八大以来重要文献选编》（中），中央文献出版社2016年版，第54—55页。

这就从根本上决定并保证了人民当家作主。

二是着眼于社会主义现代化建设和中华民族伟大复兴战略全局。近代以来的历史表明，追求中国的现代化、实现民族独立和国家富强是整个中华民族面临的共同任务。中华人民共和国成立后尤其是改革开放以来，探索实现国家富强、人民富裕的现代化道路变得越发迫切，聚焦发展的现代化建设具备了压倒一切的紧迫性和优先性。从某种意义上说，实现社会主义现代化是实现中华民族伟大复兴的具象化表达。改革开放以来的历史告诉我们，中国的民主与社会主义现代化存在相融共生关系。习近平总书记强调社会主义民主政治建设的重大意义，认为民主政治建设必须着眼于社会主义现代化建设和中华民族伟大复兴全局。只有全面建成社会主义现代化强国、实现中华民族伟大复兴，中国人民才能过上更加幸福安康的生活，社会主义民主才会焕发出更加耀眼的光芒。

（二）党的领导是实现人民当家作主的根本保证

现代政治表明，民主是与政党紧密相连的。当今世界，政党在大多数国家的政治舞台上都是最基本、最重要的力量，是国家与社会之间政治性和组织性的联系机制，在民主政治中扮演着不可或缺的角色和作用。一旦没有了政党，政治过程就缺失了关键的组织者，民主政治就成为不可想象的事情。中国全过程人民民主的形成和发展过程，同样得益于现代政党对政治过程的有效组织，并且深嵌于中国共产党领导下中国人民为真正当家作主所进行的百年奋斗。

马克思主义认为，民主是具体的、历史的，不存在超越一切历史阶段的抽象民主。只有从一国的历史和国情出发，才能真正理解其民主发展的内在逻辑。历史既决定着一国所面临的时代主题，也会选择出历史使命的真正承担者。近代以来，中华民族始终面临着求得民族独立和人民解放、实现国家繁荣富强和人民共同富裕两大历史任务。[①] 这两大历史任务，决定了中国的民主政治建设必然遵循国家优先于个人的基本路径，也限定了各种政治力量的现实选择和历史命运。面对一盘散沙、贫穷落后的旧中国，如何把民众组织起来成为一个亟待破解的首要课题。中国共产党成立后，依靠马克思主义的科学指导和严明的组织纪律性，把亿万民众真正组织起来。经过28年的不懈奋斗，中国共产党团结带领中国人民彻底结束了内忧外患、任人宰割的悲惨命运，开启了人民当家作主的新纪元。

中国共产党的领导、人民当家作主、依法治国是

---

① 《江泽民文选》第2卷，人民出版社2006年版，第2页。

中国社会主义民主政治基本要素，三者内在统一，相互联系、相互作用。正确认识"三个统一"是坚持正确民主观、发展社会主义民主政治的关键和前提。

中国共产党在中国政治生活中居于领导地位，党的领导是人民当家作主和依法治国的根本保证。党在成立之初，就把实现人民当家作主作为初心和使命，并领导人民进行革命，建立了人民当家作主的新中国。在全国执政以后，中国共产党一切政策主张的制定皆反映人民利益、体现人民意志，并通过法定程序使其成为国家意志，真正实现人民当家作主。如果没有党的领导，人民当家作主就无从谈起。习近平总书记强调："我们必须搞清楚，我国人民民主与西方所谓的'宪政'本质上是不同的。中国共产党领导是中国特色社会主义最本质的特征。"[①] 实现人民当家作主，必须坚决维护党中央权威和集中统一领导，保证党的理论、路线、方针政策和决策部署在发展全过程人民民主中得到全面贯彻和有效执行，确保国家始终沿着社会主义民主政治方向前进。

依法治国是中国共产党领导人民治理国家的方略，是坚持党的领导和人民当家作主的有力保障。社会主义民主政治的基本要求是依法治国，而这需要有可靠

[①] 《习近平关于全面依法治国论述摘编》，中央文献出版社2015年版，第21页。

的制度安排来保障，从而实现民主政治运行的法治化、规范化、程序化。中国共产党深化对执政规律的认识，提出依法治国基本方略，领导人民制定宪法法律，同时又自觉遵法守法，坚持依法执政。

人民当家作主是社会主义民主政治的本质，是坚持党的领导和依法治国的坚实基础。人民是历史的主体，是党的事业的依靠力量，只有让人民切实行使当家作主的权利，人民才会更加拥护和支持党的领导，才会更加自觉地在党的领导下全面推进依法治国，推动发展社会主义民主政治。

在中国这样一个大国，真正把 14 亿多人民的意愿表达好、实现好并不容易，必须有坚强有力的统一领导。中国共产党始终坚持以人民为中心的发展思想，坚持人民主体地位，真正为人民执政、靠人民执政；充分发挥总揽全局、协调各方的领导核心作用，保证党领导人民有效治理国家，保证人民当家作主的理念、方针、政策贯彻落实到国家政治生活和社会生活的方方面面；坚持"一切为了群众，一切依靠群众，从群众中来，到群众中去"的群众路线，密切同人民群众的联系，凝聚起最广大人民的智慧和力量；坚持党内民主，实行民主选举、民主决策、民主管理、民主监督，带动和促进人民民主的发展；健全选人用人制度机制，使各方面优秀人才进入党的领导体系和国家治理体系，确保党和国家的领导权始终掌握在忠于马克思主义、忠于党、忠于人民的人手中；坚持依法执政、依法治国，领导立法、保证执法、支持司法、带头守法，通过法治保障党的各项政策有效实施、保障人民当家作主落到实处。

（三）人民性是中国民主的鲜明底色与根本依归

民主是人民之治。马克思指出，"'民主的'这个词在德语里意思是'人民当权的'"[①]，"国家制度如果不再真正表现人民的意志，那它就变成有名无实的东西了"[②]。中国宪法明确规定，中华人民共和国是工人阶级领导的、以工农联盟为基础的人民民主专政的社会主义国家。占全国人口绝大多数的人民在社会政治地位上发生根本性改变，成为国家、社会和自己命运的主人。党的十九大报告指出："发展社会主义民主政治就是要体现人民意志、保障人民权益、激发人民创造活力，用制度体系保证人民当家作主。"[③] 人民当家

[①] 《马克思恩格斯选集》第3卷，人民出版社1995年版，第312页。
[②] 《马克思恩格斯全集》第1卷，人民出版社1956年版，第316页。
[③] 习近平：《决胜全面建成小康社会 夺取新时代中国特色社会主义伟大胜利——在中国共产党第十九次全国代表大会上的报告》，人民出版社2017年版，第36页。

作主是社会主义民主政治的本质和核心。它不仅蕴含着国家的一切权力属于人民,更表明基层群众能够通过民主的制度、形式和渠道,共同参与管理国家事务和社会事务、管理经济和文化事业。

人民至上、以人民为中心的"人民观",深刻反映了习近平新时代中国特色社会主义思想的政治内涵和价值旨归,彰显了守民心、聚民意、汇民智、利民生的政治追求。习近平总书记指出:"我们党的百年历史,就是一部践行党的初心使命的历史,就是一部党与人民心连心、同呼吸、共命运的历史。"[1] 历史无数次证明,江山就是人民,人民就是江山,人心向背关乎党的生死存亡。只有赢得人民信任,得到人民支持,党才能够克服任何困难,党的事业才能够无往而不胜。

习近平总书记提出的全过程人民民主理念,是体现人民意志、维护人民利益的中国特色社会主义民主观的生动体现,也是发展民主的基本遵循。只有坚持以人民为中心的发展思想,坚持发展为了人民、发展依靠人民、发展成果由人民共享,才会有正确的民主观、发展观和现代化观。新发展理念的核心是坚持以人民为中心,彰显着鲜明的人民至上的发展导向,明确了未来发展"依靠谁、为了谁"的问题。

---

[1] 习近平:《论坚持人民当家作主》,中央文献出版社 2021 年版,第 318 页。

发展人民民主最广泛、最深厚的基础是人民,必须坚持一切为了人民、一切依靠人民。要把体现人民利益、反映人民愿望、维护人民权益、增进人民福祉落实到政治建设和发展民主的全过程。在党的领导下,保障人民通过各种途径和形式管理国家事务、管理经济文化事业、管理社会事务,保障人民依法享有广泛的权利和自由、承担应尽的义务。习近平总书记强调:"始终把人民放在心中最高位置、把人民对美好生活的向往作为奋斗目标,推动改革发展成果更多更公平惠及全体人民,推动共同富裕取得更为明显的实质性进展,把14亿多中国人民凝聚成推动中华民族伟大复兴的磅礴力量。"[1]

人民是历史的创造者,是决定党和国家前途命运的根本力量。在庆祝中国共产党成立100周年大会上的重要讲话中,习近平总书记明确强调:"新的征程上,我们必须紧紧依靠人民创造历史,坚持全心全意为人民服务的根本宗旨,站稳人民立场,贯彻党的群众路线,尊重人民首创精神,践行以人民为中心的发展思想,发展全过程人民民主,维护社会公平正义,着力解决发展不平衡不充分问题和人民群众急难愁盼问题,推动人的全面发展、全体人民共同富裕取得更

---

[1] 习近平:《在党史学习教育动员大会上的讲话》,《人民日报》2021年4月1日第1版。

为明显的实质性进展！"①

发展中国特色社会主义民主必须紧紧依靠人民，充分调动最广大人民的积极性、主动性、创造性，使人民通过广泛多样制度化的渠道，既能够充分表达自身意愿，也能够广泛参与协商和决策，彰显在国家政治生活和社会生活中的主体地位，使人民当家作主具体地、现实地体现到党治国理政的政策措施上来，具体地、现实地体现到党和国家机关各个方面各个层级工作上来，具体地、现实地体现到实现人民对美好生活向往的工作上来。

当代中国的"民主观"，充分体现了习近平总书记的"人民观"。社会主义协商民主、全过程人民民主等重要理念都是源自于以人民为中心的发展思想，可谓一脉相承，相得益彰。

（四）不断健全人民当家作主制度体系

"任何民主，和任何政治上层建筑一样……归根到底是为生产服务的，并且归根到底是由该社会中的生产关系决定的。"② 对于这一原理，习近平总书记有着深刻的认识。他指出："一个国家的政治制度决定于这

---

① 《习近平谈治国理政》第4卷，外文出版社2022年版，第9页。
② 《列宁选集》第4卷，人民出版社2012年版，第405页。

个国家的经济社会基础，同时又反作用于这个国家的经济社会基础，乃至于起到决定性作用。在一个国家的各种制度中，政治制度处于关键环节。"[1] 中国是社会主义国家，建立了以公有制为主体、多种所有制经济共同发展的基本经济制度，实行按劳分配为主体、多种分配方式并存的分配制度。国有经济控制着关系国家安全和国民经济命脉的重要行业与关键领域，在中国经济中占据着绝对的主导地位。占全国人口绝大多数的人民，在享有生产资料不同形式所有权和分配权上处于平等的经济地位，这就从根本上决定并保证了人民当家作主。否则，离开了人民这一主体，社会主义民主的优越性便无从谈起，中国国家治理体系和治理能力现代化就会成为无源之水、无本之木，因此，中国的治理体系包括根本制度、基本制度、重要制度、具体制度的设计，都要坚持以人民为中心，坚持为了人民、依靠人民、造福人民、保护人民，把体现人民利益、反映人民愿望、维护人民权益、增进人民福祉落实到社会主义民主政治建设全过程。

民主总是同制度、法律和程序结合在一起的，什么样的民主就由什么样的制度、法律和程序来体现和保障。制度化规范化程序化是社会主义民主政治的重要保障，这是深刻总结中华人民共和国成立后政治生

---

[1] 《习近平谈治国理政》第2卷，外文出版社2017年版，第288页。

活经验教训得出的基本结论，是中国人民实现当家作主的必然选择。70多年来，在党的坚强领导下，中国从自身国情和实际出发，建立起社会主义民主政治的基本架构，形成了一整套包括根本政治制度、基本政治制度和重要政治制度等在内的人民当家作主制度体系。

人民当家作主是社会主义民主政治的本质和核心，发展社会主义民主政治就是要体现人民意志、保障人民权益、激发人民创造活力，用制度体系保障人民当家作主。中国共产党及其领导的国家是代表最广大人民根本利益的，其一切理论和路线方针政策，其一切工作部署和工作安排，都应该来自人民、为了人民，都应该为人民利益制定和实施。在中国共产党的领导下，中国人民当家作主制度体系不断健全完善，人民群众能够通过人民代表大会（简称"人大"）制度、中国共产党领导的多党合作和政治协商制度、民族区域自治制度、基层群众自治制度以及最广泛的爱国统一战线等载体，实现好、维护好、发展好自身的根本利益。

人民代表大会制度是中国的根本政治制度，是实现中国全过程人民民主的重要制度载体，人民通过五级人民代表大会行使国家权力。中国共产党领导的多党合作和政治协商制度是从中国土壤中生长出来的新型政党制度，在凝聚共识、优化决策、协调关系、维护稳定等方面发挥了独特作用。民族区域自治制度保证了国家团结统一，实现了各民族共同当家作主。基层群众自治制度是人民当家作主制度体系的重要组成部分，是群众自我管理、自我服务、自我教育、自我监督的制度创造。

在新时代，中国共产党始终坚持人民主体地位，尊重人民首创精神，把政治智慧的增长、治国理政本领的增强深深扎根于人民的创造性实践之中，使各方面提出的真知灼见都能运用于治国理政，人民能够广泛、直接地参与管理国家事务、经济文化事业和社会事务。人民代表大会制度是符合中国国情和实际、体现社会主义国家性质、保证人民当家作主、保障实现中华民族伟大复兴的好制度，是中国共产党领导人民在人类政治制度史上的伟大创造，是中国政治发展史乃至世界政治发展史上具有重大意义的全新政治制度。在前进道路上，中国必须坚定不移走中国特色社会主义政治发展道路，坚定不移坚持和完善人民当家作主制度体系。

在肯定中国特色社会主义政治制度优势、坚定制度自信的同时，也应当认识到，制度建设是一个过程，不是一蹴而就的事情，中国特色社会主义民主政治制度是一条通过渐进改革不断进行自我完善的道路，既不是政治发展上的"大跃进",也不是封闭僵化、无所作为,而是有序发展、稳步推进、不断改革创新的道路。习近平总书记指出:"中国特色社会主义民主是个新事物,也是个好事物。当然,这并不是说,中国政治制度就完美无缺了,就不需要完善和发展了。制度自信不是自视清高、自我满足,更不是裹足不前、固步自封,而是要把坚定制度自信和不断改革创新统一起来,在坚持根本政治制度、基本政治制度的基础上,不断推进制度体系完善和发展。我们一直认为,我们的民主法治建设同扩大人民民主和经济社会发展的要求还不完全适应,社会主义民主政治的体制、机制、程序、规范以及具体运行上还存在不完善的地方,在保障人民民主权利、发挥人民创造精神方面也还存在一些不足,必须继续加以完善。在全面深化改革进程中,我们要积极稳妥推进政治体制改革,以保证人民当家作主为根本,以增强党和国家活力、调动人民积极性为目标,不断建设社会主义政治文明。"[①]

(五)全面发展全过程人民民主

党的二十大报告指出:"人民民主是社会主义的生命,是全面建设社会主义现代化国家的应有之义。全

[①] 《习近平谈治国理政》第2卷,外文出版社2017年版,第289页。

过程人民民主是社会主义民主政治的本质属性，是最广泛、最真实、最管用的民主。"[1] 全面发展全过程人民民主是一项复杂的系统工程，必须从中华民族伟大复兴战略全局高度，把握社会主义民主政治建设的历史方位，坚持系统思维和方法，加强前瞻性思考、全局性谋划和战略性布局，整体性地推进全过程人民民主建设。

一是坚持党在全过程人民民主建设中的领导核心作用。党政军民学，东西南北中，党是领导一切的。推进全过程人民民主建设，支持和保证人民当家作主，必须坚决维护党中央权威和集中统一领导，提高党在发展社会主义民主政治中把方向、谋大局、定政策、促改革的能力和定力，保证党领导人民有效治理国家。坚持和发展民主集中制，充分尊重党员主体地位，切实保障和实现党员民主权利，不断完善党内民主，激发广大党员参与党内事务的积极性、主动性和创造性。

二是发挥人民当家作主制度体系的显著优势。习近平总书记强调："发展社会主义民主政治关键是要把我国社会主义民主政治的特点和优势充分发挥出来，不断推进社会主义民主政治制度化、规范化、程序化，为党和国家兴旺发达、长治久安提供更加完善的制度

---

[1]《中国共产党第二十次全国代表大会文件汇编》，人民出版社2022年版，第31页。

保障。"[1] 坚持国家一切权力属于人民，善于用系统完备的制度体系保障人民当家作主，把中国社会主义民主政治的优势和特点充分发挥出来，保证人民平等参与、平等发展权利，发展更加广泛、更加充分、更加健全的全过程人民民主。

三是推动协商民主体系深入发展。发扬有事好商量的民主精神，加大协商民主体系建设力度，全面统筹发展政党协商、人大协商、政府协商、政协协商、人民团体协商、基层协商以及社会组织协商。聚焦党和国家中心任务，围绕团结和民主两大主题，把全过程人民民主重大理念和协商民主的操作技术贯穿于人民政协工作的全过程。发挥互联网、大数据和人工智能的技术优势，走好新时代网上群众路线，倾听和回应社情民意，发挥专业智库作用，广泛汇聚民意民智，提升民主决策、科学决策水平。

四是坚持在法治轨道上有序推进全过程人民民主建设。坚持以人民为中心的法治理念，全面推进中国特色社会主义法治体系建设。深入推进法治领域改革，着力增扩人民民主权利，健全国家治理急需、满足人民美好生活向往的法律制度，全面推进民主实践的法治化、制度化。坚持系统思维、整体思维、协同思维，全面推进科学立法、严格执法、公正司法、全民

---

[1] 《习近平谈治国理政》第4卷，外文出版社2022年版，第260页。

守法进程。健全法律面前人人平等保障机制，让一切违法者付出应有代价，让人民群众切实感受到公平正义。

五是强化对权力运行的制约和监督。坚持决策权、执行权、监督权既合理分工又相互协调，确保国家机关按照法定权限和程序行使权力。坚持科学决策、民主决策、依法决策，健全决策咨询机制和参与程序，发挥新型智库的咨政建言功能，推动健全决策问责和纠错制度。提高权力运行的公开化、规范化、透明度，加强各类监督的整合力度，优化保障人民权益、倾听人民心声、接受人民监督的体制机制。

六是巩固发展最广泛的爱国统一战线。习近平总书记指出："爱国统一战线是中国共产党团结海内外全体中华儿女实现中华民族伟大复兴的重要法宝。"[①] 在全面建设社会主义现代化国家新征程上，必须坚持大团结大联合，坚持一致性和多样性相统一，不断巩固和发展最广泛的爱国统一战线，促进政党关系、民族关系、宗教关系、阶层关系、海内外同胞关系和谐发展，积极维护各方合法权益，最大限度凝聚智慧和力量，形成海内外全体中华儿女万众一心、共襄民族复兴伟业的生动局面。

---

① 《习近平谈治国理政》第4卷，外文出版社2022年版，第13页。

（六）推动协商民主广泛多层制度化发展

协商民主是实践全过程人民民主的重要形式。党的十八大以来，以习近平同志为核心的党中央坚持团结和民主两大主题，开启了全面发展社会主义协商民主的新征程，领导全党和全国各族人民更加重视社会主义协商民主建设，根据发展新阶段面对的新形势、新变化、新情况、新挑战，创新与发展了社会主义协商民主理论，强调其作为社会主义民主两种重要形式之一的同时，还特别突出了广泛多层制度化发展。

协商民主是中国社会主义民主政治的特有形式和独特优势。中国的协商民主其来有自，既不是从天上掉下来的，也不是从别处简单搬来的，而是从自身文明的丰沃土壤中孕育生长的。从思想渊源看，它深深植根于中国绵延五千年的优秀传统文化之中，上可追溯至传统的"和"文化，与古代的"和而不同""和为贵"等思想一脉相承。从实践来源看，它源起于20世纪40年代的政治协商，尤其是强调各方面代表人士依托于人民政治协商会议，通过发展灵活多样的咨询式协商，达到科学决策、民主决策的目的。习近平总书记对此指出："它源自中华民族长期形成的天下为公、兼容并蓄、求同存异等优秀政治文化，源自近代以后中国政治发展的现实进程,源自中国共产党领导人民进行革命、建设、改革的长期实践,源自新中国成立后各党派、各团体、各民族、各阶层、各界人士在政治制度上共同实现的伟大创造,源自改革开放以来中国在政治体制上的不断创新,具有深厚的文化基础、理论基础、实践基础、制度基础。"[1]

社会主义协商民主具有鲜明特色和显著优势。习近平总书记强调:"在中国社会主义制度下,有事好商量,众人的事情由众人商量,找到全社会意愿和要求的最大公约数,是人民民主的真谛。"[2] 社会主义协商民主以合作、参与、协商为基本理念,以团结、民主、和谐为本质属性,具有政治参与、利益表达、社会整合、民主监督和维护稳定的重要功能。社会主义协商民主既坚持中国共产党的领导,又发挥各方面的积极作用;既坚持人民主体地位,又贯彻民主集中制的领导制度和组织原则;既坚持人民民主的原则,又贯彻团结和谐的要求,体现坚持党的领导、人民当家作主、依法治国的有机统一,是符合中国现实国情的民主形式。

"有事好商量"是中华民族的优良传统,小到家长

---

[1] 《习近平谈治国理政》第2卷,外文出版社2017年版,第293—294页。

[2] 《习近平谈治国理政》第2卷,外文出版社2017年版,第292页。

里短，大到国家治理，往往都可以通过"好商量"来寻求解决之道。习近平总书记强调："我们要坚持有事多商量，遇事多商量，做事多商量，商量得越多越深入越好。"① 要通过商量出办法、出共识、出感情、出团结。作为一个人口大国，中国存在着不同的阶层和社会群体，在根本利益一致的基础上存在着具体利益的差别。社会主义协商民主既尊重多数人的意愿，又照顾少数人的合理要求，能够更好地代表不同阶层、不同社会群体的利益诉求，拓宽、畅通各种利益表达渠道，全面、真实、充分地反映各社会阶层人士的意见建议，具有统筹兼顾各方利益和协调各方关系的优势。习近平总书记指出："在人民内部各方面广泛商量的过程，就是发扬民主、集思广益的过程，就是统一思想、凝聚共识的过程，就是科学决策、民主决策的过程，就是实现人民当家作主的过程。"②

中国的协商民主是全方位、全过程的，不是局限在某个方面、某一层级的，也不是停留在某个环节、某道程序的。习近平总书记强调："涉及全国各族人民利益的事情，要在全体人民和全社会中广泛商量；涉及一个地方人民群众利益的事情，要在这个地方的人民群众中广泛商量；涉及一部分群众利益、特定群众

---

① 《习近平谈治国理政》第 2 卷，外文出版社 2017 年版，第 292 页。
② 《习近平谈治国理政》第 2 卷，外文出版社 2017 年版，第 293 页。

利益的事情，要在这部分群众中广泛商量；涉及基层群众利益的事情，要在基层群众中广泛商量。"[①] 这就要求从全国、地方、基层等多个层面全面推进协商民主建设，构建程序合理、环节完整的社会主义协商民主体系，确保协商民主有制可依、有规可守、有章可循、有序可遵。

"政之所兴在顺民心，政之所废在逆民心。"一个政党，一个政权，其前途命运最终取决于人心向背。在中国共产党统一领导下，通过多种形式的协商，广泛听取意见和建议，广泛接受批评和监督，可以广泛达成决策和工作的最大共识，有效克服党派和利益集团为自己的利益相互竞争甚至相互倾轧的弊端；可以广泛畅通各种利益要求和诉求进入决策程序的渠道，有效克服不同政治力量为了维护和争取自己的利益固执己见、排斥异己的弊端；可以广泛形成发现和改正失误、错误的机制，有效克服决策中情况不明、自以为是的弊端；可以广泛形成人民群众参与各层次管理和治理的机制，有效克服人民群众在国家政治生活和社会生活中无法表达、难以参与的弊端；可以广泛凝聚全社会推进改革发展的智慧和力量，有效克服各项政策和工作共识不高、难以落实的弊端。这是中国社会主义协商民主的显著优势所在。

---

① 《习近平谈治国理政》第 2 卷，外文出版社 2017 年版，第 292 页。

（七）以优质民主促进高质量发展

民主有着漫长的发展史，长期存在着形式民主与实质民主之争。习近平总书记明确指出："民主不是装饰品，不是用来做摆设的，而是要用来解决人民要解决的问题的。"[①] 新时代社会主义民主政治建设，始终坚持鲜明的实质民主观，从来都是以解决人民群众的急难愁盼问题为出发点和落脚点。这种实质导向，既体现在人民依法享有的广泛民主权利上，也体现在中国提出的民主制度评价标准中。

如何评价政治制度是民主的、有效的，习近平总书记在2014年庆祝全国人民代表大会成立60周年大会上的讲话中首次提出了"八个能否"的标准，即"评价一个国家政治制度是不是民主的、有效的，主要看国家领导层能否依法有序更替，全体人民能否依法管理国家事务和社会事务、管理经济和文化事业，人民群众能否畅通表达利益要求，社会各方面能否有效参与国家政治生活，国家决策能否实现科学化、民主化，各方面人才能否通过公平竞争进入国家领导和管理体系，执政党能否依照宪法法律规定实现对国家事

[①] 《习近平谈治国理政》第2卷，外文出版社2017年版，第296页。

务的领导，权力运用能否得到有效制约和监督"①。

2021年10月，习近平总书记在中央人大工作会议上进一步提出了"四个要看，四个更要看"的评价标准，即"一个国家民主不民主，关键在于是不是真正做到了人民当家作主，要看人民有没有投票权，更要看人民有没有广泛参与权；要看人民在选举过程中得到了什么口头许诺，更要看选举后这些承诺实现了多少；要看制度和法律规定了什么样的政治程序和政治规则，更要看这些制度和法律是不是真正得到了执行；要看权力运行规则和程序是否民主，更要看权力是否真正受到人民监督和制约。如果人民只有在投票时被唤醒、投票后就进入休眠期，只有竞选时聆听天花乱坠的口号、竞选后就毫无发言权，只有拉票时受宠、选举后就被冷落，这样的民主不是真正的民主"②。

党的十八大以来，以习近平同志为核心的党中央不断深化对民主政治发展规律的认识，推动人民当家作主制度程序更加完整、人民群众参与实践更加广泛，形成了全过程人民民主这一民主新形态。中国的全过程人民民主，始终围绕和服务于社会主义现代化建设，坚持民主与集中的有机统一，坚持尊重人民主体地位，

---

① 《习近平谈治国理政》第2卷，外文出版社2017年版，第287页。
② 《习近平谈治国理政》第4卷，外文出版社2022年版，第258—259页。

广泛凝聚社会共识,聚焦人民群众反映强烈的突出问题,积极回应人民群众的诉求和期待,不断实现人民群众对美好生活的向往,确保了经济社会长期稳定和持续发展。为此,习近平总书记指出:"我国全过程人民民主实现了过程民主和成果民主、程序民主和实质民主、直接民主和间接民主、人民民主和国家意志相统一,是全链条、全方位、全覆盖的民主,是最广泛、最真实、最管用的社会主义民主。"[1]

一是消除了利益集团捕获国家、少数人独占改革发展成果的潜在风险。某种程度上,任何政治体制内都会存在一些能量不一的利益团体。有些借助自身的强大组织能力和社会影响力,在社会博弈过程中能够攫取巨额利益,甚至是分享部分政治权力。如果对其缺乏有效约束和规制,政治过程和经济社会政策就会被这些强势利益集团所绑架,政治运作就会偏离公平正义,政治体制的合法性就会面临社会公众的质疑和挑战。中国共产党是中国特色社会主义事业的领导核心,是发展全过程人民民主的根本政治保证,始终代表最广大人民根本利益,从来不代表任何利益集团、任何权势团体、任何特权阶层的利益。一方面,中国一直注重提高人大、政协中基层群众的名额占比,积

---

[1] 《习近平谈治国理政》第4卷,外文出版社2022年版,第260—261页。

极发展多层次多渠道的民主协商，人民群众的平等参与权、表达权得到有效保障，政治参与范围的包容性、代表性进一步提升。另一方面，中国建立健全了党的全面领导的体制机制，优化了党中央决策议事协调机构，加强了党对重大工作的集中统一领导，严防了部门利益、地方利益以及资本集团的不当影响。

二是避免了议而不决、决而不行、相互掣肘、效率低下的重大弊端。中国是拥有14亿多人口的发展中大国，体量巨大、国情复杂，治理难度举世罕见。这就决定了社会主义民主政治在前进道路上既需要充分发扬民主，也需要有效进行集中。民主集中制是中国国家组织形式和活动方式的基本原则，是发展全过程人民民主的重大优势。在中国共产党领导下，各国家机关是一个统一整体，既合理分工，又密切协同，既充分发扬民主，又有效进行集中，能够高效地处理现代社会条件下错综复杂的各项公共事务，最大限度地保持整个公共权力结构的整体性效能，更加充分地维护好人民的根本利益。中国始终注意运用和发挥民主集中制这一重大优势，坚持一张蓝图绘到底，有效协调各领域各方面的资源和力量，扎扎实实地实现着集中力量办大事的目的。与此同时，中国还具有集中民意民智办大事的优良传统，既坚持向基层群众广泛征求意见建议，也注重向相关领域的专家学者和研究机构借智借力。这些都有助于充分发扬民主，广泛凝聚社会各方面意见和智慧，共同汇成推动社会主义现代化建设的磅礴伟力。

三是满足了人民群众的安全需要、发展需求和复兴期盼。人民群众对民主的诉求和期盼是分层次的。概括来说，最基本的需要是安全，其次是发展，最终是自我实现。在发展过程中，中国特色社会主义民主政治建设始终聚焦人民群众反映强烈的突出问题，积极回应人民群众的诉求和期盼，逐步满足人民群众的安全需要、发展需求和复兴期盼，不断实现着人民群众对美好生活的向往。2020年10月，美国权威民调机构盖洛普公布了2019全球法律和秩序指数排名，中国在144个接受调查的国家和地区中位列第三，这从一个侧面反映出中国人民在日常生活中具有很高的安全感。2021年，中国人均GDP从中华人民共和国成立之初的119元增加到80976元，城镇和农村居民年人均可支配收入分别从不足100元、50元增加到47412元、18931元，人民生活实现了由贫困到温饱再到全面建成小康社会的翻天覆地变化。在庆祝中国共产党成立100周年大会上，习近平总书记向全世界庄严宣告，中国全面建成了小康社会，历史性地解决了绝对贫困问题，正在向着全面建设社会主义现代化强国迈进。从这些方面可以看出，中国已经大踏步地赶上了时代，成为世界上最具安全感、幸福感和民族自豪感的国家之一。

（八）民主的本质性差异与多样化道路

民主作为一种政治体制、政府形式，历史上曾经长期饱受争议，直到最近一百多年来才变成众人眼中的"好东西"[①]，成为全人类共同的价值追求。不过，马克思主义始终认为，民主是历史的、具体的、发展的。民主的定义既不能局限于抽象化、概念化的辩论，更不能为少数国家所垄断。民主的实践不存在统一的、一成不变的模式，更不能被模式化、格式化，被用作对世界各国评判、划线、分割世界的标签。人类政治文明发展的历史和现实情况说明，世界上并不存在唯一的、普遍适用的和绝对的民主模式。世界各国情况的多样性，决定了民主发展模式的差异性、各国人民争取和发展民主道路的多样性。

习近平总书记在党的十九大报告中指出："世界上没有完全相同的政治制度模式，政治制度不能脱离特定社会政治条件和历史文化传统来抽象评判，不能定于一尊，不能生搬硬套外国政治制度模式。要长期坚持、不断发展我国社会主义民主政治，积极稳妥推进

[①] 王绍光：《民主四讲》，生活·读书·新知三联书店2014年版，第2页。

政治体制改革，推进社会主义民主政治制度化、规范化、程序化，保证人民依法通过各种途径和形式管理国家事务，管理经济文化事业，管理社会事务，巩固和发展生动活泼、安定团结的政治局面。"①

民主是人类社会共同的价值追求，但不同国家的社会政治条件、历史文化传统不同，实现民主的具体道路就不可能完全一样。"夫物之不齐，物之情也。"世界上没有完全相同的政治制度模式，一个国家实行什么样的政治制度，走什么样的政治发展道路，必须与这个国家的国情和性质相适应。习近平总书记指出："通向幸福的道路不尽相同，各国人民有权选择自己的发展道路和制度模式，这本身就是人民幸福的应有之义。"②

冷战结束后，西方阵营一度欢呼雀跃，宣称西方阵营赢得了历史竞赛，西式民主终结了世界历史。冷战后以美国为首的西方国家打着各种名义，肆意对外输出西式民主，导致世界政治动荡不安。冷战结束后的30多年来，世界人民都看到西式民主失灵了、输出民主失效了、对他国的民主化改造失败了。如今，西

---

① 习近平：《决胜全面建成小康社会　夺取新时代中国特色社会主义伟大胜利——在中国共产党第十九次全国代表大会上的报告》，人民出版社2017年版，第36页。
② 习近平：《加强政党合作　共谋人民幸福——在中国共产党与世界政党领导人峰会上的主旨讲话》，《人民日报》2021年7月7日第2版。

方世界正饱受"民主赤字、社会撕裂、政治对抗、治理失能"之累；俄罗斯等所谓转型国家正饱受"全盘西化、自由化、民主化、私有化"之害；一些发展中国家则饱受"移植西式民主失败、民主异化变质、劣质民主"之苦。当前，西式民主政治陷入了多重困境，为我们提供了鲜活的反面素材和绝佳的历史机遇，有利于我们科学地认识民主问题，坚持正确的民主观，坚定不移地走好中国特色社会主义政治发展道路。

2015年，习近平总书记在全国党校工作会议上指出："国内外各种敌对势力，总是企图让我们党改旗易帜、改名换姓，其要害就是企图让我们丢掉对马克思主义的信仰，丢掉对社会主义、共产主义的信念。而我们有些人甚至党内有的同志却没有看清这里面暗藏的玄机，认为西方'普世价值'经过了几百年，为什么不能认同？西方一些政治话语为什么不能借用？接受了我们也不会有什么大的损失，为什么非要拧着来？有的人奉西方理论、西方话语为金科玉律，不知不觉成了西方资本主义意识形态的吹鼓手。"[①]

西方对外推广"普世价值"，并不是希望其他国家能够真正实现民主、自由，他们不是"慈善家"，也不是什么所谓的"救世主"，他们打着"民主""自由""人权"的旗帜，行的是分裂其他国家、借机谋

[①] 《习近平谈治国理政》第2卷，外文出版社2017年版，第327页。

取私利之实。习近平总书记指出："冷战结束以来，在西方价值观念鼓捣下，一些国家被折腾得不成样子了，有的四分五裂，有的战火纷飞，有的整天乱哄哄的。如果我们用西方资本主义价值体系来剪裁我们的实践，用西方资本主义评价体系来衡量我国发展，符合西方标准就行，不符合西方标准就是落后的陈旧的，就要批判、攻击，那后果不堪设想！最后要么就是跟在人家后面亦步亦趋，要么就是只有挨骂的份。"[①] 因此，我们必须坚持正确的民主观，在思想认识上要认清西方宣扬所谓"民主""自由"、打"民主牌""人权牌"的阴险、虚伪和双标。在民主实践中，则要坚定政治立场，学好并掌握驾驭民主化本领，把握好民主的时度效，破除西式民主迷思，吸取他国教训，超越西式民主，走全面发展之路。

习近平总书记指出："民主是各国人民的权利，而不是少数国家的专利。一个国家是不是民主，应该由这个国家的人民来评判，而不应该由外部少数人指手画脚来评判。国际社会哪个国家是不是民主的，应该由国际社会共同来评判，而不应该由自以为是的少数国家来评判。"[②] 全过程人民民主本质上体现的是人民

---

① 《习近平谈治国理政》第 2 卷，外文出版社 2017 年版，第 327 页。
② 习近平：《论坚持人民当家作主》，中央文献出版社 2021 年版，第 336 页。

之治。中国共产党来自人民、依靠人民、为了人民，受到中国人民的普遍支持和热烈拥护，这就是人民民主在当今世界行得通、走得稳的底气所在，也是中国之治的力量和源泉。在民主问题上，我们完全有理由充满价值自信、政治自信！

对中国来说，坚持正确的民主观，最根本的是坚持马克思主义民主观、当代中国的民主观。马克思主义经典作家对民主都有鲜明的论述。民主涉及制度、道路、政策、价值、文化和话语逻辑等许多方面，有着复杂、多维的定义解读和概念阐释。因此，必须全面、辩证、系统地认识和把握民主问题，既认识到民主的普遍性，又认识到民主的特殊性；既认识到民主外在形式的异同，又认识到民主内在本质的差异。

当代中国的民主观强调，发展民生是民主，守护民心是民主，保障民权是民主，保证民治是民主。当代中国民主观的世界贡献在于，突破了"西式民主人权自由一元论"的话语迷思和逻辑陷阱，丰富和发展了马克思主义政治学说，拓展了世界政治发展道路，为国际社会提供了非凡而宝贵的政治经验。中国的民主观是科学的、合理的、正确的、发展的；中国的政治发展道路是自主的、全面的、进步的、正确的、光明的。我们讲"中国式民主"，不是强调自己的独特、独到，更不是旨在"独有、私有"，而是强调自主性、主权性，强调既是中国的，也是世界的。

（九）推动国际关系民主化

"民主在一国内体现为人民当家作主，在国家间则体现为国际关系民主化。"[①] 当今世界面临百年未有之大变局，正处于政治经济大变革、大调整、大转折的历史时期，国际政治对抗与冲突加剧，面临着治理赤字、信任赤字、和平赤字、发展赤字的困难局面。破解"四大赤字"，需要秉持公正合理、互商互谅、互利共赢的理念，不断增进战略互信，实现世界长久和平和共同发展。

随着人类社会的现代化进程不断加快，全球社会也面临着不断增加的风险和不确定性，面对新的挑战，人类社会必须加强合作，共商国际规则，共建治理机制，共享发展成果。习近平总书记指出："推动全球治理体系变革是国际社会大家的事，要坚持共商共建共享原则，使关于全球治理体系变革的主张转化为各方共识，形成一致行动。"[②] 全球治理是面向全球社会的，必须尊重每一个国家的意志，考虑每一个国家的

---

① 中华人民共和国国务院新闻办公室：《中国的民主》，人民出版社2021年版，第51页。
② 习近平：《论坚持推动构建人类命运共同体》，中央文献出版社2018年版，第384页。

利益，并落实到全球治理决策中来。全球治理不是某个国家或者某一集团说了算，而是在承认《联合国宪章》和其他公认的国际准则的前提下，由世界各国进行民主协商和集体决策。国家不分大小、强弱、贫富，都是国际社会平等成员。"世界的命运必须由各国人民共同掌握。各国主权范围内的事情只能由本国政府和人民去管，世界上的事情只能由各国政府和人民共同商量来办。这是处理国际事务的民主原则，国际社会应该共同遵守。"[1]

面对全球社会治理的紧迫需要，习近平总书记提出构建人类命运共同体这一理念，这是新时代中国领导人提出的"世界梦"，旨在谋求共同发展。"人类命运共同体"伟大构想，深刻凝练了"全面发展"到"共同治理"的制度逻辑和发展理念。由一国的"全面发展"到全世界人民的"共同治理"，是对某些大国奉行的"单边主义""政治自私""本国至上"偏狭观念的超越。文明共存、和平共处、平等共商、合作共建、公平共享、互利共赢是这一伟大构想的核心原则。人类生活在共同的地球家园上，人类社会命运与共、祸福相依，唯有尊重各国人民自主选择发展道路的权利，坚持共商、共建、共享的全球治理理念，推动国际关系民主化，反对把自己的意志强加于人，才能

---

[1] 《习近平谈治国理政》第1卷，外文出版社2018年版，第274页。

最终实现全世界人民"共同治理"的美好愿景，实现和而共生、各美其美、美美与共、世界大同。

（十）百年变局下的中国民主经验

坚持什么样的民主观，以什么样的思路来谋划和推进政治建设，关乎政治稳定、关乎政治发展、关乎治理效能、关乎人民期盼。面对百年未有之大变局的加速演进，破除对西式民主的迷信，冲破西式政治叙事和逻辑框架的束缚，正当其时。总结中国的民主建设和政治发展的经验，提炼中国的民主观和政治价值理念，传播中国声音，讲好中国故事，贡献中国智慧和中国方案，正当其用。

一是现代化与民主发展存在互动共进关系。回顾中国特色社会主义民主政治发展的每一个阶段，可以说都有现代化这个"看不见的手"在幕后推动，而一旦经由民主发展解决了现代化进程中所遇到的阻碍后，现代化建设又能加速前进。现代化与民主发展这种互动共进关系，使得二者都不可能保持较长时间的单兵突进态势。现代化的单兵突进，一方面会导致经济社会发展过程中遇到的阻碍得不到及时的清除，造成发展主题受阻；另一方面会导致新社会群体的参与诉求得不到及时的回应和满足，在长时间压制下很可能造成政治参与的内爆局面。民主发展的单兵突进，则会造成公民政治参与的过度扩大，超出经济社会现代化特定阶段的允许范围，导致权利超速情况下现代化陷入停滞甚至是衰退的局面。中国在迈向社会主义现代化强国的新征程中，仍然需要继续发挥民主发展的工具性价值。习近平总书记深刻指出："人民民主是社会主义的生命，没有民主就没有社会主义，就没有社会主义的现代化，就没有中华民族伟大复兴。"[①] 与此同时，现代化进程的顺利推进，也必然会推动中国特色社会主义民主政治的进一步发展，其实现形式和具体内容也将变得更加多样化。

二是民主发展由现代化面临的问题倒逼而来。在现代化进程中，不同阶段面临的任务或者问题不同，对民主政治提出的要求也就不同。这就造成了民主发展具有突出的问题导向，民主是由不同阶段的现代化问题倒逼而产生，并在不断解决问题中得以深化。"中国特色社会主义进入新时代，我国社会主要矛盾已经转化为人民日益增长的美好生活需要和不平衡不充分的发展之间的矛盾。"[②] 这一变化是事关社会主义现代化建设全局的历史性变化，具体来说，一方面，人民

[①] 《习近平谈治国理政》第4卷，外文出版社2022年版，第259页。
[②] 习近平：《决胜全面建成小康社会 夺取新时代中国特色社会主义伟大胜利——在中国共产党第十九次全国代表大会上的报告》，人民出版社2017年版，第11页。

美好生活需要日益广泛，人民不仅对物质文化生活提出了更高要求，在民主、法治、公平、正义、安全、环境等方面的要求也随之增长；另一方面，在社会生产力水平总体上显著提高的同时，中国正面临着更加突出的发展不平衡不充分问题。未来，随着现代化任务侧重点的调整与变化，民主发展在人民美好生活需要中的位次要适当前移，这就需要给公民提供更加广泛、更加多样的政治参与渠道。

三是民主发展是上下互动、相融共生的结果。民主发展是一个复杂的系统工程，每一项新举措都涉及千千万万人的利益，必须慎重地分步骤实施。民主发展的复杂性、系统性，决定了它不可能是某一群体或者精英们单方面选择的产物，而是多方角力、互相作用的结果。从解决人民群众的急难愁盼问题着手，中国的民主发展坚持上下互动、相融共生、共同发力。一方面，全过程人民民主从坚持和完善、加强和改进的总体考量出发，不断丰富和完善中国社会主义民主建设的顶层设计；另一方面，遵循上下互动、试点推进的务实策略，鼓励各地推进民主创新，充分激发基层民主实践的生机和活力。在各地制度探索取得显著成效后，适时上升到中央层面加以推广。未来，中国要加速推进国家治理体系和治理能力的现代化进程，就离不开民主发展的这种上下互动、相融共生的增量发展方式，有序扩大政治参与仍将是中国民主发展的现实路径。

四是民主发展要坚持走中国特色的发展道路。俗话说，鞋子合不合脚，只有穿的人才知道。习近平总书记指出："一个国家选择什么样的国家制度和国家治理体系，是由这个国家的历史文化、社会性质、经济发展水平决定的。"① 改革开放以来，党的中央领导集体反复强调坚持走自己的政治发展道路，从本国的国情和实际出发来推进民主政治建设，形成了一整套适合自身情况的社会主义民主制度安排，探索出了一条中国特色社会主义政治发展道路。进入新时代后，以习近平同志为核心的党中央坚持守正创新，在新的历史条件下发展了社会主义民主政治，把人民民主推向了全过程人民民主的新阶段。

总而言之，习近平总书记关于全过程人民民主的重要论述，深刻阐明了中国社会主义民主政治的特质和优势，具有丰富的科学内涵、深厚的理论意蕴、内在的逻辑理念和鲜明的实践向度，是一个科学的、系统的、与时俱进的理论体系，进一步丰富和发展了习近平新时代中国特色社会主义思想，为新时代发展社会主义民主政治、全面建设社会主义现代化国家提供了根本遵循和科学指南。回望历史、环顾世界，中国

---

① 《习近平谈治国理政》第3卷，外文出版社2020年版，第119页。

道路独特而非凡，既吸收借鉴人类政治文明有益的经验，又没有照搬照抄他国模式。中国的发展经验和价值理念，既有中国特色的一面，也有共性的一面，反映了世界发展的一般规律。因此，中国经验和方案，既是中国的，也是世界的。中国政治发展根植于中国大地，同时为世界各国提供了可资分析借鉴的一般性政治规律和治理原则。在当今混乱迷茫的国际政治环境下，中国 70 多年的发展道路以其独特魅力贡献了宝贵的价值理念。中国的价值观多样多维、富有层次感，展示着有效的实现顺序和路径。70 多年来，中国的发展进程持续而稳定，始终坚持以人民为中心，开辟了一条独具特色、卓有成效的发展之路。中国升级版的新民主观、人权观、自由观，构成了世界瞩目的中国版政治全面发展观，突破了西方发展模式和逻辑框架，大大提高了政治发展力和国家治理能力，为中国社会全面协调发展提供了坚实的思想和价值保障。

二　理论阐释篇

民主是全人类的共同价值，是中国共产党和中国人民始终不渝坚持的重要理念。党的十八大以来，以习近平同志为核心的党中央深刻把握中国社会主要矛盾发生的新变化，积极回应人民群众对民主的新要求新期盼，深刻吸取古今中外治乱兴衰的经验教训，明确提出了"全过程人民民主"重大理念。这一重大理念深刻回答了新时代发展中国特色社会主义民主政治的一系列重大理论和实践问题。

党的二十大报告把发展全过程人民民主确定为中国式现代化本质要求的一项重要内容，明确指出全过程人民民主是社会主义民主政治的本质属性，是最真实、最广泛、最管用的民主，并对发展全过程人民民主作出了全面部署。这些重要论述进一步阐明了全过程人民民主的内涵与特点，丰富和拓展了中国特色社会主义民主政治的政治内涵、理论内涵、实践内涵。

（一）全过程人民民主是新时代指导社会主义民主政治建设的重大理念

全过程人民民主是社会主义民主政治的本质属性，充分彰显了新时代人民观的价值追求，系统总结了党领导人民进行民主探索的理论和实践成果，集中阐明了社会主义民主政治建设的实践逻辑，是党不断推进民主理论创新、制度创新、实践创新的经验结晶，为新时代发展社会主义民主政治、建设社会主义政治文明提供了科学指引和根本遵循。

1. 充分彰显新时代人民观的价值追求

彰显人民立场观。人民立场是中国共产党的根本政治立场，是马克思主义政党区别于其他政党的显著标志。中国共产党一切行动的根本出发点，就是为了最广大人民的根本利益，在中国共产党人的心中，"人民"二字重千钧。自成立之时，中国共产党就把实现人民当家作主作为奋斗的政治纲领，领导人民推翻旧政权，建立新中国。中华人民共和国成立后，在中国共产党领导下，中国人民探索建立了社会主义民主制度并不断发展。改革开放时期，中国共产党将人民满意不满意作为评价一切工作好坏的评价标准。党的十八大以来，习近平总书记深化对民主政治发展规律的认识，提出全过程人民民主这一重大理念，一如既往地体现了人民民主的本质，彰显了中国共产党一切为了人民的根本政治立场，是中国共产党人对民主理论和民主实践作出的积极探索和重要贡献。

彰显人民主体观。中国宪法明确规定，中华人民共和国的一切权力属于人民。无论权力归属还是权力行使，人民始终居于主体地位。现阶段，包括工人、农民、知识分子、干部和其他的社会主义劳动者、社会主义事业的建设者、拥护社会主义的爱国者和拥护祖国统一的爱国者在内的全体人民，都享有当家作主的权利。在新时代，中国共产党始终坚持人民主体地位，尊重人民首创精神，把政治智慧的增长、治国理政本领的增强深深扎根于人民的创造性实践之中，使各方面提出的真知灼见都能运用于治国理政，人民能够广泛、直接地参与管理国家事务、经济文化事业和社会事务。全过程人民民主紧紧依靠人民，充分调动最广大人民的积极性、主动性、创造性。人民通过广泛多样制度化的渠道，既能够充分表达自身意愿，也能够广泛参与协商和决策，彰显了人民在国家政治生活和社会生活中的主体地位。

彰显人民利益观。中国共产党始终代表最广大人民根本利益，与人民休戚与共、生死相依，没有任何自己特殊的利益，从来不代表任何利益集团、任何权势团体、任何特权阶层的利益。中国共产党及其领导的国家是代表最广大人民根本利益的，其一切理论和路线方针政策，其一切工作部署和工作安排，都应该来自人民、为了人民，都应该为人民利益制定和实施。全过程人民民主是维护人民根本利益的重要理念和制度设计，将人民当家作主的原则具体地、现实地体现在中国各项制度设计和政治活动中。全过程人民民主促使人民群众的意愿充分表达、人民群众的诉求得到及时回应，保证了人民群众是利益的主体，确保了发展成果始终由全体人民共享。

2. 全面总结发展社会主义民主的成功经验

从民主是社会主义的生命的高度把握社会主义的本质内涵。人民民主是社会主义的生命。马克思主义认为，任何民主就像一般的政治上层建筑一样，由经济基础所决定并反作用于社会生产关系。历史和实践反复证明，社会主义民主能否稳步发展，事关整个社会主义事业的兴衰成败。经过长期努力，中国建立了以公有制为主体、多种所有制经济共同发展的基本经济制度，实行按劳分配为主体、多种分配方式并存的分配制度。占全国人口绝大多数的人民，在享有生产资料不同形式所有权和分配权上处于平等的经济地位，这就从根本上决定并保证了人民当家作主。全过程人民民主揭示了社会主义的本质内涵，认为没有民主就没有社会主义，没有全过程人民民主就没有新时代的中国特色社会主义。

促进社会主义民主制度化、规范化、程序化发展。民主总是同制度、法律和程序结合在一起的，什么样的民主就由什么样的制度、法律和程序来体现和保障。70多年来，在党的坚强领导下，中国从自身国情和实际出发，建立起社会主义民主政治的基本架构，形成了一整套人民当家作主的政治制度体系。尤其是党的十八大以来，中国坚持中国特色社会主义政治发展道路，发展全过程人民民主，社会主义民主政治制度化、规范化、程序化全面推进，中国特色社会主义法治体系加快建设，法治中国建设开创新局面。在长期探索基础上，党和国家深刻认识到制度建设的极端重要性，始终把制度建设摆在突出位置，充分发挥中国社会主义政治制度的特点和优势。全过程人民民主通过完整的制度程序和完整的参与实践，充分发挥人民群众的积极性和创造性，有效保护广大人民群众的权益，为党和国家兴旺发达、长治久安提供了系统的制度保障。

着眼于社会主义现代化建设和中华民族伟大复兴战略全局。发展全过程人民民主是中国式现代化的本质要求之一，是中国式现代化在政治建设方面的重要体现，更是中国式现代化建设的出发点和落脚点。全过程人民民主源自实践又指导实践，民主政治建设必须着眼于社会主义现代化建设和中华民族伟大复兴全局。只有全面建成社会主义现代化强国、实现中华民族伟大复兴，中国人民才能过上更加幸福安康的生活，全过程人民民主才会焕发出更加强大的生机活力。

3. 鲜明体现社会主义民主政治建设的实践逻辑

突出问题导向。问题是时代的口号，民主的一切发展进步都是在破解时代问题中实现的。随着中国特色社会主义进入新时代，中国社会主要矛盾发生历史性变化，人民群众对民主法治产生了新要求新期盼。这就要求我们在发展社会主义民主政治中增强问题意识、强化问题导向。全过程人民民主在实践中聚焦人民群众的所思所盼所愿，从推动解决人民群众的急难愁盼问题入手，为人民意愿的表达和实现提供了更加广泛多样的政治参与渠道，进一步丰富民主形式，促使人民的知情权、表达权、参与权和监督权落到实处。

坚持上下互动。民主发展的复杂性、系统性，决定了它不可能是某一群体或者精英们单方面选择的产物，而是多方角力、互相作用的结果。从解决人民群众的急难愁盼问题着手，中国的民主发展坚持上下互动、相融共生、共同发力。一方面，全过程人民民主从坚持和完善、加强和改进的总体考量出发，不断丰富和完善中国社会主义民主建设的顶层设计，为发展社会主义民主政治提供更坚实的制度保障。另一方面，遵循试点推进的务实策略，鼓励各地推进民主创新，充分激发基层民主实践的生机和活力。在各地制度探索取得显著成效后，适时上升到中央层面加以推广。

构建全过程运作。进入新时代后，中国社会主义民主的发展步伐进一步加快，制度程序和参与实践不断完善，全过程特征愈加显现出来。全过程人民民主从全链条、全方位、全覆盖出发，构建民主运作的完整闭环。民主环节上，全过程人民民主通过一系列的法律和制度安排，将民主选举、民主协商、民主决策、民主管理、民主监督各环节真正贯通起来，形成了民主链条的完整闭环，实现了人民全周期有序参与，确保了民主的所有环节一个都不少。民主层级上，全过程人民民主将选举和协商两种重要形式有机结合起来，推动了人民民主从中央、地方到基层的全方位发展。民主领域上，全过程人民民主以多样、畅通、有序的民主形式和渠道，充分调动了各民族、各阶层、各群体、各行业的积极性、主动性和创造性，充分发挥了各级国家机关、企事业单位、人民团体、社会组织、群众自治组织的作用，覆盖了经济、政治、文化、社会、生态文明等各领域，体现到国家治理和社会治理的方方面面。

（二）全过程人民民主的理论逻辑

民主是马克思主义政党始终高举的旗帜。自中国共产党成立以来，党始终坚持马克思民主理论的本质规定和核心要义，将马克思主义民主理论落实到中国民主政治建设的具体实践中。党的十九大以来，习近平总书记创造性地提出了全过程人民民主重大理念，对中国特色社会主义民主政治发展进行了新概括、新阐释、新提升，深刻阐明了人民民主的本质属性和全过程实践特质的联系，体现了马克思主义民主理论与中国民主政治建设实践相结合的理论逻辑。

1. 人民当家作主是全过程人民民主的本质内核

民主的最基本含义是全体公民或平民的统治，强调作为多数的平民具有统治或支配的地位。170多年前，马克思、恩格斯在《新莱茵报》上发表评论说："民主是什么呢？它必须具备一定的意义，否则它就不能存在。因此全部问题在于确定民主的真正意义。"[①]

[①]《马克思恩格斯全集》第10卷，人民出版社1998年版，第315页。

马克思在唯物史观的视阈下运用阶级分析法，深入讨论了民主本质的问题，他认为，任何民主同任何政治上层建筑一样，归根到底是为生产服务的，是由社会中的生产关系决定的。因此，资产阶级民主代表资本拥有者的利益，其实质仍然是少数人的民主，对无产阶级和劳动人民来说绝不是真正的民主。因此马克思看来，民主实质上就是一种国家制度，民主政治的核心要义就是保证人民成为国家的主人。"马克思在使用'人民'一语时，并没有用它来抹杀各个阶级之间的差别，而是用它来概括那些能够把革命进行到底的一定的成分。"[①] 正是这些成分创造了"由人民自己当自己的家"的巴黎公社，一定程度上奠定了真正民主制度的基础。

中国共产党作为马克思主义政党，在坚持马克思主义民主观基础上，从自身的实际情况和国情出发，开启了中国人民民主理论的探索与实践，深刻诠释出人民民主的含义就是人民当家作主。毛泽东同志提出，中国革命所要建立的政权和国家，应该是各革命阶级联合起来的人民民主专政。这是因为，"人民的国家是保护人民的。有了人民的国家，人民才有可能在全国范围内和全体规模上，用民主的方法，教育自己和改

[①] 《列宁选集》第1卷，人民出版社2012年版，第636页。

造自己"①。邓小平同志也指出："无产阶级专政对于人民来说就是社会主义民主，是工人、农民、知识分子和其他劳动者所共同享受的民主，是历史上最广泛的民主。"②

习近平总书记提出的全过程人民民主理念，继承了马克思主义民主理论的人民性内涵，生动体现了人民意志、维护人民利益的中国特色社会主义民主观。2021年10月13日，习近平总书记在中央人大工作会议上的讲话中指出："人民当家作主是社会主义民主政治的本质和核心，发展社会主义民主政治就是要体现人民意志、保障人民权益、激发人民创造活力，用制度体系保证人民当家作主。"③ 发展人民民主最广泛、最深厚的基础是人民，必须坚持一切为了人民、一切依靠人民。一方面，要把体现人民利益、反映人民愿望、维护人民利益、增进人民福祉落实到政治建设和发展民主的全过程；另一方面，要充分调动最广大人民的积极性、主动性、创造性，使人民通过广泛多样制度化的渠道，既能够充分表达自身意愿，也能够广泛参与协商和决策，彰显在国家政治生活和社会生活中的主体地位。

---

① 《毛泽东选集》第4卷，人民出版社1991年版，第1476页。
② 《邓小平文选》第2卷，人民出版社1994年版，第168页。
③ 《习近平谈治国理政》第4卷，外文出版社2022年版，第259页。

2. 社会主义是全过程人民民主的本质属性与根本方向

民主与社会主义密不可分。

首先，社会主义在本质上是民主的，民主是社会主义建设的客观要求。在马克思看来，民主作为一种国家制度，其实质就是国家政权的问题，民主制是作为类概念的国家制度。资本主义民主的实质是资产阶级的阶级民主，仍然是少数人的民主，只有让以无产阶级为主体的绝大多数人掌握政权，才能让人民群众真正享有参与和治理国家与社会事务的权利，才能实现多数人的民主、真正的民主。列宁曾指出，谈民主，首先要明确是哪个阶级的民主，对哪个阶级有利？①

中国共产党为实现大多数人的民主、真正的民主，提出了"人民民主专政"理论，并在1949年建立了实行人民民主专政的新中国，为中国民主的发展与完善奠定了坚实的制度基础。改革开放之后，邓小平同志又旗帜鲜明提出了"没有民主就没有社会主义，就没有社会主义现代化"的重大论断，推进了中国人民民主理论和实践的不断发展。② 2021年10月13日，习近平总书记在中央人大工作会议上的讲话中指出："人民民主是社会主义的生命，没有民主就没有社会主义，

---

① 《列宁选集》第3卷，人民出版社2012年版，第593页。
② 《邓小平文选》第2卷，人民出版社1994年版，第168页。

就没有社会主义的现代化，就没有中华民族伟大复兴。"①

其次，全过程人民民主的建设和发展不能偏离社会主义原则和方向。历史和实践反复证明，社会主义民主能否稳步发展，事关社会主义事业的兴衰成败。中华人民共和国成立后尤其是改革开放以来，党带领人民探索实现国家富强、人民富裕的现代化道路，不断健全民主政治体系，提高国家治理能力和水平，优先解决现代化建设中压倒一切的紧迫性、优先性问题，实现了民族独立和国家富强的历史任务，推动中国特色社会主义进入新时代。改革开放以来的历史告诉我们，中国的民主与社会主义现代化存在相融共生关系。

习近平总书记指出："要坚持从国情出发、从实际出发，既要把握长期形成的历史传承，又要把握走过的发展道路、积累的政治经验、形成的政治原则，还要把握现实要求、着眼解决现实问题，不能割断历史，不能想象突然就搬来一座政治制度上的'飞来峰'。"②坚持中国特色社会主义政治发展道路，我们既不能走过去封闭僵化的、被实践证明走不通的老路，也不能走改旗易帜、改变社会主义制度根本属性的邪路，更

---

① 《习近平谈治国理政》第 4 卷，外文出版社 2022 年版，第 259 页。
② 习近平：《论坚持人民当家作主》，中央文献出版社 2021 年版，第 80 页。

不能裹足不前、固步自封，而是要把坚定制度自信和不断改革创新统一起来。中国的民主政治建设必须着眼于社会主义现代化建设和中华民族伟大复兴全局，这样才能焕发出更为强大的生命力。

3. 真实有效是全过程人民民主的鲜明特质

实现民主政治的形式是丰富多彩的，不能拘泥于刻板的模式。不同的国家国情不同，民主发展往往具有特殊性。纵观世界民主政治发展史，不同历史时期、不同社会区域形成了不同的民主模式或类型，例如，雅典的古典民主、共和主义民主、自由主义民主等。不同民主制度的产生有其特定的历史经济文化背景，应辩证地认识民主，坚持科学的民主评价标准。马克思主义认为，必须坚持全面、辩证的民主观。列宁说过，民主的发展要有一定的"度"，要掌握好一定的"火候"，一定要为生产建设服务，民主的发展超过了限度，则会走向反面。民主与政治的发展，应该有利于解放和发展社会生产力，有利于推动经济社会持续健康发展，有利于实现好、维护好、发展好最广大人民根本利益。

习近平总书记指出："民主不是装饰品，不是用来做摆设的，而是要用来解决人民要解决的问题的。"[①]

[①] 《习近平谈治国理政》第2卷，外文出版社2017年版，第296页。

近些年，西方民主制度的弊端进一步暴露，民主被教条化、赤字化、劣质化。西方民主程序只有在选举投票的时候被唤醒，而选举结果的公平性、正义性却难以保证，西式民主政治的实质意义大打折扣。如何评价政治制度是民主的、有效的，2021年10月，习近平总书记在中央人大工作会议上，提出了"四个要看，四个更要看"的评价标准，即"一个国家民主不民主，关键在于是不是真正做到了人民当家作主，要看人民有没有投票权，更要看人民有没有广泛参与权；要看人民在选举过程中得到了什么口头许诺，更要看选举后这些承诺实现了多少；要看制度和法律规定了什么样的政治程序和政治规则，更要看这些制度和法律是不是真正得到了执行；要看权力运行规则和程序是否民主，更要看权力是否真正受到人民监督和制约"[①]。

中国全过程人民民主不仅有完整的制度程序，而且有完整的参与实践。全过程人民民主贯通国家政治生活和社会生活各环节、各方面，使人民意志得到更好体现、人民权益得到更好保障、人民创造活力进一步激发。全过程人民民主，实现了过程民主和成果民主、程序民主和实质民主、直接民主和间接民主、人

[①] 《习近平谈治国理政》第4卷，外文出版社2022年版，第258—259页。

民民主和国家意志相统一，是全链条、全方位、全覆盖的民主，是最广泛、最真实、最管用的社会主义民主。

（三）全过程人民民主的历史逻辑

全过程人民民主的形成和发展过程，贯穿党领导人民争取民族独立、人民解放和实现国家富强、人民幸福的不懈奋斗之中，中国共产党的百年奋斗史，就是一部团结带领人民探索、形成、发展全过程人民民主的奋斗史。

1. 新民主主义革命时期党对人民民主道路的探索

鸦片战争之后，近代中国逐渐沦为了半殖民地半封建社会，"帝国主义、封建主义、官僚资本主义好比三座大山，沉重地压在旧中国人民的头上"。近代中国革命形势的特殊性使中国共产党带领人民探索人民民主的道路更加复杂和艰巨，如何在中国民主革命与民族解放过程中建设民主制度成为党亟待解决的重大命题。在严峻的外部压力和落后的经济社会条件的大背景下，中国共产党不断将马克思主义民主理论同中国的具体实践相结合，借鉴苏俄革命实践，开启了追求民主、实现民主、发展民主的奋斗征程。

新民主主义革命时期，中国共产党坚持以马克思主义为指导，不断深化对"人民"内涵的深刻把握，从中国实际出发，不断调整民主实践形式。在中国共产党成立初期，在组织工会、开展工人运动的主要任务背景下，党开展了罢工工人代表大会、农民协会等民主形式，这成为党建立人民民主制度的初步探索。中国共产党还在苏维埃革命根据地开展了以工农联盟为主体的人民民主实践，使选举作为具体的民主形式，得到广泛的传播与应用。在抗日战争时期，党开创了"三三制"民主政权，解决了特殊历史时期的统一战线的合作问题，将"人民民主"的代表性从工农联盟扩展到更加广阔的全民族范围，加强了党对民主政权的领导。

通过党带领人民坚持不懈地奋斗，中国推翻了压在旧中国人民头上的三座大山，建立了人民当家作主的新中国，为形成全过程人民民主奠定了根本性前提基础。中国共产党对建立新型人民民主政权及其组织形式进行了长期探索实践，积累了许多宝贵的经验。

2. 社会主义革命和建设时期人民民主制度的确立与发展

1949年6月，在解放战争胜利形势基本确定的背景下，毛泽东同志发表了《论人民民主专政》，阐明了即将成立的中华人民共和国的人民民主专政的性质。他指出，在新的革命背景下，人民民主专政的基础是工人阶级、农民阶级、城市小资产阶级，并团结民族资产阶级。这一判断为《共同纲领》的制定奠定了坚实的基础。1949年9月，中国共产党与各民主党派以协商的方式顺利建国，将中华人民共和国的成立建立在代表最广大人民群众基础之上。同时，通过了《中国人民政治协商会议共同纲领》，规定了中华人民共和国为新民主主义即人民民主主义的国家，实行工人阶级领导的、以工农联盟为基础的、团结各民主阶级和国内各民族的人民民主专政。这从政权上真正确立了中国人民当家作主的权利，确立了中国人民民主的政治制度。中华人民共和国的成立，实现了中国从几千年封建专制政治向人民民主的伟大飞跃，中国人民真正成为国家、社会和自己命运的主人。

之后，中国共产党团结带领人民逐步构建起社会主义民主政治总体框架。1954年9月，第一届全国人民代表大会第一次会议在北京召开，会议通过了第一部《中华人民共和国宪法》，对人民代表大会制度作出了比较系统的规定，确立了全国人民代表大会为最高国家权力机关。这标志着人民代表大会制度在全国范围内正式建立，宪法为人民当家作主提供了根本性法律保障,是人民民主发展历程中一个重要的里程碑。同时,各地方人民代表大会、民族区域自治等制度也逐步建立,这些都成为实现人民民主的重要制度基础。

3. 改革开放和社会主义现代化建设新时期人民民主制度不断完善

改革开放之后,党领导人民坚定不移推进社会主义民主法治建设,发展社会主义经济制度,使民主发展的政治制度保障和社会物质基础更加坚实。经过长期努力,中国建立了以公有制为主体、多种所有制经济共同发展的基本经济制度,实行按劳分配为主体、多种分配方式并存的分配制度。占全国人口绝大多数的人民,在享有生产资料不同形式所有权和分配权上处于平等的经济地位,这就从根本上决定并保证了人民当家作主。

邓小平同志曾强调:"要加强民主就要加强法制。没有广泛的民主是不行的,没有健全的法制也是不行的。"[①] 在这一阶段,中国共产党先是恢复和巩固了原有民主制度的生机和活力,不断加强社会主义民主法制建设,形成党的领导、人民当家作主和依法治国有机统一的政治发展道路。中国共产党在中国政治生活中居于领导地位,党的领导是人民当家作主和依法治

---

① 《邓小平文选》第 2 卷,人民出版社 1994 年版,第 189 页。

国的根本保证。依法治国是中国共产党领导人民治理国家的方略，是坚持党的领导和人民当家作主的有力保障。人民当家作主是社会主义民主政治的本质，是坚持党的领导和依法治国的坚实基础。中国共产党的领导、人民当家作主、依法治国是中国社会主义民主政治基本要素，三者内在统一，相互联系、相互作用。正确认识"三个统一"是坚持正确民主观、发展社会主义民主政治的关键和前提。

同时，中国共产党将民族区域自治制度、基层群众自制制度确定为基本政治制度，使人民民主制度体系更加健全、更加完备，人民群众的民主参与实践更加多样化。

4. 新时代全过程人民民主的形成与发展

中国特色社会主义进入新时代，以习近平同志为核心的党中央站在坚持和发展中国特色社会主义全局的战略高度，深化对民主政治发展规律的认识，创造性提出全过程人民民主的重大理念，团结带领人民发展全过程人民民主。

首先，坚持和完善人民代表大会制度，发挥好各级人大的职能作用，使其成为实现全过程人民民主的重要制度载体。党的十八大以来，以习近平同志为核心的党中央高度重视人大制度建设和人大工作，推动人大工作取得历史性成就，推动人民代表大会制度理论和实践创新不断取得新成果。其次，进一步提升协商民主效能，生动展现全过程人民民主的特征和优势。在党的团结领导下，社会主义协商民主得到广泛、多层、制度化发展，协商民主发展路径不断完善。最后，社会主义法治国家建设深入推进，中国特色社会主义法治体系加快建设，司法体制改革取得重大进展，全面依法治国总体格局基本形成。

总之，进入新时代以来，中国特色社会主义政治发展道路越走越宽广，人民当家作主的制度保障越来越健全，人民群众的民主参与实践越来越常态化、多样化，人民民主具体地、生动地体现在人民当家作主的全过程各环节。人民依法实行民主选举、民主协商、民主决策、民主管理、民主监督，这五个环节环环相扣、内在统一，形成全过程人民民主的完整链条，扩大了人民有序政治参与。

（四）全过程人民民主的现实逻辑

全过程人民民主不是从天上掉下来的，更不是别人恩赐施舍的，而是中国民主实践的创造。民主是历史的、具体的、发展的。民主的定义既不能局限于抽象化、概念化的辩论，更不能为少数国家所垄断。人类政治文明发展的历史和现实情况说明，世界上并不存在唯一的、普遍适用的和绝对的民主模式。世界各国情况的多样性，决定了民主发展模式的差异性、各国人民争取和发展民主道路的多样性。

1. 破除西式民主迷思，坚持正确的民主观

民主是人类社会的价值追求，但不同国家的社会政治条件、历史文化传统不同，实现民主的具体道路也不相同。民主定义和实践不存在统一的、一成不变的模式，更不能模式化、格式化，被用作对世界各国评判、划线、分割世界的标签。习近平总书记在党的十九大报告中指出："世界上没有完全相同的政治制度模式，政治制度不能脱离特定社会政治条件和历史文化传统来抽象评判，不能定于一尊，不能生搬硬套外国政治制度模式。要长期坚持、不断发展我国社会主义民主政治，积极稳妥推进政治体制改革，推进社会主义民主政治制度化、规范化、程序化。"[①]

西方对外推广"普世价值"，并不是希望其他国家能够真正实现民主、自由，他们不是"慈善家"，也不是什么所谓的"救世主"，他们打着"民主""自

[①] 习近平：《决胜全面建成小康社会 夺取新时代中国特色社会主义伟大胜利——在中国共产党第十九次全国代表大会上的报告》，人民出版社2017年版，第36页。

由""人权"的旗帜，行的是分裂其他国家、借机谋取私利之实。近年来，西方国家利用其舆论优势和国际话语权，输出所谓西式民主，宣扬"历史终结论"和"普世价值"，极力妖魔化我们发展中的社会主义民主政治，民主问题成为国际意识形态领域斗争的焦点。因此，一定要弄清民主与人权等问题的内涵，要看清西方宣扬所谓"普世价值"和宪政民主背后暗藏的玄机。

当前西式民主政治陷入了多重困境，为我们提供了鲜活的反面素材和绝佳的历史机遇，有利于我们科学地认识民主问题，坚持正确的民主观，坚定时与势在我，坚定不移地走中国特色社会主义全面发展的政治道路。基于对国内民主政治长远发展的考虑和对现阶段国际环境的考量，必须充分认识发展全过程人民民主的必要性和紧迫性。我们必须坚持正确的民主观，在思想认识上要认清西方宣扬"民主"、打"民主、人权牌"的阴险、虚伪和双标。在民主实践中，则要坚定政治立场，学好并掌握驾驭民主化本领，把握好民主的时度效，破除西式民主迷思，吸取他国教训，超越西式民主，走全面发展之路。

坚持正确的民主观，最根本的是坚持马克思主义民主观、当代中国的民主观；必须全面、辩证、系统地认识和把握民主问题，既认识到民主的普遍性，又认识到民主的特殊性；既认识到民主外在形式的异同，又认识到民主内在本质的差异，坚定不移地发展"中国式"的全过程人民民主，也为国际社会提供非凡而宝贵的政治经验。

2. 回应人民期盼，不断推进民主制度体系更加成熟

中华人民共和国成立以来，中国的民主政治在不同的阶段有不同的发展成就，总体上呈现出在继承中不断发展的态势。在人民民主实践的长期探索中，中国共产党积极回应人民对民主的新要求新期盼，不断推动民主制度体系更加成熟、更加定型，极大丰富了民主形式、拓宽了民主渠道、丰富了民主内涵。中国从自身国情和实际出发，建立起社会主义民主政治的基本架构，形成了一整套包括根本政治制度、基本政治制度和重要政治制度等在内的人民当家作主的制度体系。

人民代表大会制度是中国的根本政治制度，人民通过人民代表大会制度行使国家权力。中国共产党领导的多党合作和政治协商制度是从中国土壤中生长出来的新型政党制度，在凝聚共识、优化决策、协调关系、维护稳定等方面发挥了独特作用。民族区域自治制度保证了国家团结统一，实现了各民族共同当家作主。基层群众自治制度是人民当家作主制度体系的重

要组成部分，是群众自我管理、自我服务、自我教育、自我监督的制度创造。

中国特色社会主义进入新时代，社会主要矛盾转化为人民日益增长的美好生活需要和不平衡不充分的发展之间的矛盾。人民美好生活需要日益广泛，不仅对物质文化生活提出了更高要求，而且在民主、法治、公平、正义、安全、环境等方面的要求日益增长。民有所呼，我有所应。全过程人民民主的提出，标志着中国的民主建设事业进入了新的发展阶段。全过程人民民主在实践中聚焦人民群众的所思所盼所愿，从推动解决人民群众的急难愁盼问题入手，为人民意愿的表达和实现提供了更加广泛多样的政治参与渠道，进一步丰富民主形式，促使人民的知情权、表达权、参与权和监督权落到实处。全过程人民民主正是在深刻总结中国民主政治发展实践经验、积极回应人民群众的新要求新期盼中发展推进的。

（五）全过程人民民主的理论意义

全过程人民民主是习近平总书记在马克思主义民主理论构建基础上，对中国特色社会主义民主政治发展的新概括新阐释新提升。全过程人民民主凝结着对民主政治发展规律的新认识，丰富和发展了社会主义民主政治理论，深刻阐明了人民民主的本质属性和全过程实践特质的内在联系，为发展社会主义政治文明指明了前进方向。

首先，深刻诠释了人民民主的本质属性和核心内涵。全过程人民民主是党和人民发展民主的伟大创造，是最广泛、最真实、最管用的社会主义民主。全过程人民民主的理论诠释了人民民主的深刻内涵。一是社会主义是发展人民民主的内在要求。在党带领人民发展人民民主的历史过程中，始终坚持社会主义的立场和方向，坚持人民当家作主，突破西式民主单一化的框架，将民主放回到正确的位置。同时，历史和实践也反复证明，社会主义民主能否稳步发展，事关社会主义事业的兴衰成败。习近平总书记在关于全过程人民民主的重要论断中提出："人民民主是社会主义的生命，没有民主就没有社会主义，就没有社会主义的现代化，就没有中华民族伟大复兴。"[1] 这一系列重要论断，指明了社会主义与人民民主之间的关系，强调了中国发展民主必须坚持社会主义的本质属性与根本方向。二是保障人民当家作主是人民民主的核心要义。人民当家作主是人民民主的本质内核。发展人民民主最广泛、最深厚的基础是人民，必须坚持一切为了人民、一切依靠人民。要把体现人民利益、反映人民愿

---

[1] 《习近平谈治国理政》第4卷，外文出版社2022年版，第259页。

望、维护人民权益、增进人民福祉落实到政治建设和发展民主的全过程。全过程人民民主强调民主实践的"全链条、全方位、全覆盖",从而有效避免了民主政治的"空心化""虚幻化",使国家政治生活得以最大限度体现人民意志、汇聚人民智慧、保障人民权益、激发人民创造。这正是人民民主旺盛生命力的源头活水。

其次,进一步深化了对民主政治发展规律的认识。科学的民主理念及其实践转化,需要坚持历史逻辑、理论逻辑与实践逻辑的有机统一。民主制度与形式没有固定模式,发展民主需要立足本国实际,并最终由人民作出抉择。全过程人民民主坚持马克思主义基本原理,扎根在广袤的中华大地,学习借鉴人类文明优秀成果,是中国民主政治的最新理论成果。全过程人民民主坚持以人民为中心的核心内涵,秉持着新民主观,通过全链条、全方位、全覆盖的路径,实现广泛真实有效的民主。这与西方民主片面地强调民主选举、过程民主的理念有重大区别。全过程人民民主保障了人民当家作主的权利,激发着人民在中国共产党领导下为实现中华民族伟大复兴而奋斗的豪情。

衡量一个国家制度优劣的根本依据在于人民民主的真实性与有效性,而非政治利益集团的自诩自夸。全过程人民民主本质上体现的是人民之治,对民主制度的评价也以人民满意不满意为标准。民主假与真，关键看民心。近年来，越来越多的国际性民意调查结果显示，中国共产党和政府在民众中享有超高信任度，这是世界上一些国家政府或政党难以企及并羡慕不已的。这也表明了中国民主是一切来自人民、依靠人民、为了人民，是实实在在的，是老百姓看得见、摸得着的。

最后，阐明了人民民主发展的根本路径与科学方法论。始终坚持党的领导、人民当家作主和依法治国的有机统一，是社会主义民主政治发展的中国特色与中国经验。具体而言，就是以坚持和完善党的领导为前提，始终在正确的道路上依法有序推进人民民主进程；以充分尊重和保障人民民主权利为核心，不断完善人民当家作主的实现形式与机制；以切实推进社会主义法治建设为驱动力，不断推动人民民主的全面持续与高质量发展。

（六）全过程人民民主的实践意义

全过程人民民主是具有新时代中国特色社会主义民主政治优势和特色的民主新形态，是人类政治文明发展的最新成果。全过程人民民主贯通国家政治生活和社会生活各环节、各方面，确保在民主实践的全领域各方面、全过程各环节中的各项民主权利得到最广泛最充分的实现；确保人民群众在民主实践的最终结果上享有实质性的民主权利，使人民意志得到更好体现、人民权益得到更好保障、人民创造活力进一步激发。

1. 系统完备、运行有效的全新民主体系

全过程人民民主是全链条、全方位、全覆盖的民主，全过程人民民主的实践涵盖于民主选举、民主协商、民主决策、民主管理、民主监督等各个环节，积极推动形成系统完备的"民主闭环"，从而形成民主实践的新局面。

全链条的民主。全过程人民民主通过一系列法律和制度安排，将民主选举、民主协商、民主决策、民主管理、民主监督各环节贯通起来，形成了民主链条的完整闭环。在选举环节，人民通过选举、投票行使权利，选出代表自己意愿的人来掌握并行使权力。在协商环节，人民就改革发展稳定的重大问题以及事关自身利益的问题，在决策之前和决策实施之中开展广泛协商，最大限度地凝聚共识。在决策环节，人民通过听证、评估、咨询、网络、民意调查等多种途径和方式，广泛参与到决策过程中，越来越多来自基层的声音直达各级决策层。在管理环节，人民通过各种途

径和形式，管理国家事务，管理经济和文化事业，管理社会事务。在监督环节，形成了一套有机贯通、相互协调的监督体系和配置科学、权责协同、运行高效的监督网，人民可以对各级国家机关及其组成人员履职情况进行监督，有效解决权力滥用、以权谋私的问题。

全方位的民主。全过程人民民主把人民当家作主具体地、现实地体现在党治国理政的政策措施上，具体地、现实地体现在党和国家机关各个方面各个层级工作上，具体地、现实地体现在实现人民对美好生活向往的工作上，是全方位的民主。在中国，从全国人大到乡级人大，五级人民代表大会代表均由民主选举产生。各级人大选举产生同级国家机关领导人员。在基层，村（居）民依法定期选举产生村（居）民委员会成员，依法直接行使民主权利，依法管理基层公共事务和公益事业。社会主义协商民主作为中国社会主义民主政治的特有形式和独特优势，深深嵌入民主实践的全过程。从中央到地方，形成了多种协商渠道，实现了协商民主广泛多层制度化发展。全过程人民民主探索创造了一个又一个充满烟火气的民主形式，使人民利益要求既能畅通表达，也能有效实现。

全覆盖的民主。全过程人民民主涵盖经济、政治、文化、社会、生态文明等各个方面，以多样、畅通、有序的民主渠道，充分调动各地区、各民族、各方面、各阶层的积极性主动性创造性，充分发挥各级国家机关和武装力量、各政党和各社会团体、各企业事业组织的作用。全过程人民民主，既关注国家发展大事，也关心社会治理难事、百姓日常琐事，经济发展、社会治理、老百姓急难愁盼问题等都可以纳入民主议事日程，实现人民广泛持续的民主参与，民主实践深深融入人们的日常工作和生产生活，有效防止了选举时漫天许诺、选举后无人过问的现象，推动人民当家作主落地生根。

2. 切实保障人民当家作主的权利

有利于充分发挥人民群众主体作用。中国共产党领导人民实行人民民主，就是保证和支持人民当家作主。保证和支持人民当家作主不是一句口号、不是一句空话，必须落实到国家政治生活和社会生活之中，保证人民依法有效管理国家事务、管理经济和文化事业、管理社会事务。保证和支持人民当家作主，意味着通过依法选举、让人民的代表参与国家生活和社会生活的管理，也意味着通过选举以外的制度和方式让人民参与国家生活和社会生活的管理。全过程人民民主不分民族、种族、性别、职业、家庭出身、宗教信仰、教育程度、财产状况，保障全体人民都能够有效参与人民民主实践，是全链条、全方位、全覆盖的民主，是最广泛、最真实、最管用的社会主义民主。这能够使蕴藏在人民群众之中的不竭创造力量得到更大程度释放、人民群众的聪明才智得到更大程度发挥。

有利于促进决策科学化民主化。只有倾听民意、了解民意，才能推动决策科学化民主化。为此，需要不断健全民主制度、丰富民主形式、拓宽民主渠道、完善法治保障，使各方面制度和国家治理更好地体现人民意志、保障人民权益、激发人民创造活力。人大代表来自人民、代表人民，在全过程人民民主中发挥着重要作用。在中国，每一项关乎全局的重大决策，都是在充分发扬民主、广泛征求意见、反复酝酿讨论的基础上作出的。"在中国社会主义制度下，有事好商量，众人的事情由众人商量，找到全社会意愿和要求的最大公约数，是人民民主的真谛。"[①] 全过程人民民主能够有效集中各种意见和建议、推动决策科学化民主化。

有利于增强基层社会治理能力。基层群众自治是社会主义民主的重要形式。改革开放以来，中国在基层社会治理中不断探索与创新基层群众自治的实现途径。在党的领导下，基层群众自治深入开展，形成了一系列行之有效的制度安排，保障人民群众在城乡社

[①] 《习近平谈治国理政》第2卷，外文出版社2017年版，第292页。

区治理、基层公共事务和公益事业中实行自我管理、自我服务、自我教育、自我监督，形成广泛、真实、生动的基层民主实践，在基层社会治理中实现民事民议、民事民办、民事民管。比如，村（居）民议事会、小区业主协商会、民主评议会、网络对话协商等多种协商形式不断发展，在解决修桥铺路、公共卫生、社区环境、邻里纠纷等关系群众切身利益问题方面发挥了重要作用。全过程人民民主可以不断激发人民群众参与基层社会治理的内生动力，不断汇聚民智民力，促进基层社会和谐稳定，推动基层社会治理水平明显提升，不仅保证和支持了人民当家作主，而且能够切实把制度优势转化为治理效能，让广大人民群众的获得感、幸福感、安全感更加充实、更有保障、更可持续。

（七）发展全过程人民民主的对策建议

1. 讲清中西民主的本质区别，进一步增强对全过程人民民主的自信

早在 2015 年，习近平总书记就在全国党校工作会议上指出："国内外各种敌对势力，总是企图让我们党改旗易帜、改名换姓。"[①] 要打赢这场政治战，中国对

---

① 《习近平谈治国理政》第 2 卷，外文出版社 2017 年版，第 327 页。

外需加大讲好"中国故事"尤其是"中国制度故事"的力度，对内需坚定制度自信以及道路自信、理论自信、文化自信。

然而，当前广大党员干部和人民群众对人民当家作主制度体系以及全过程人民民主的自信有待增强。出现这种情况，一方面是因为改革开放以来，西方民主的主流话语在中国传播广泛、影响深刻；另一方面是因为改革开放以来尤其是中国特色社会主义进入新时代以来，关于全过程人民民主的制度程序和参与实践未能得到科学的提炼总结以及有效的传播宣介。

有鉴于此，当前以及未来较长时间里，要通过课堂教育、专题培训、大众传播等方式，讲清中西民主区别，帮助广大党员干部和人民群众构建起对全过程人民民主的真正自信。一方面，在讲清人类民主政治的发展规律和演绎趋势的基础上，对西方民主进行彻底祛魅，揭露西方民主的狭隘之处和弊端所在。另一方面，讲清全过程人民民主是新时代中国式民主的体系化概述。一则强调中国式民主是人民民主，具有鲜明的人民性特点；二则强调中国式民主包含完整的制度程序和完整的参与实践，具有鲜明的真实性特点；三则强调中国式民主是全链条、全方位、全覆盖的，具有鲜明的广泛性特点；四则强调中国式民主追求形式民主与实质民主的统一、过程民主与成果民主的统

一、直接民主与间接民主的统一以及人民民主与国家意志的统一,具有鲜明的配置合理性特点;而人民性、真实性、广泛性、合理性最终形塑了民主整体上的先进性、科学性、高效性的理论品质和实践特征。

2. 处理好"五组关系",进一步提高发展全过程人民民主的系统性

一是处理好全过程人民民主与中国共产党的集中统一领导的关系。在发展全过程人民民主中须毫不动摇地坚持党的领导,绝不允许出现因发展全过程人民民主而削弱党的领导的情况。党的领导与人民当家作主并不相悖,因为党的领导实质上就是支持和保证人民当家作主,就是通过健全民主制度、丰富民主形式、拓宽民主渠道等工作最大限度激发人民主人翁精神,切实将人民当家作主落实到国家政治生活和社会生活之中。

二是处理好全过程人民民主与法治的关系。对党和国家机构而言,须自觉主动听取民声、了解民意、汲取民智、用好民力,加大开门立法力度,不断提升民主的法律化和制度化水平。对人民群众而言,须依法有序参与国家事务管理、经济文化事业管理以及社会事务管理,但绝不允许假民主之名行违法之事。

三是处理好全过程人民民主与改革的关系。民主化是中国改革的重要方向之一，在各项改革中须贯彻民主精神并因需制宜地采取民主手段，但同时也须在坚持中国共产党的领导下协同推进科学化和法治化，切忌出现民主泛化、形式化、绝对化等消极情形。

四是处理好全过程人民民主与发展的关系。促进经济社会发展，可以为发展全过程人民民主提供更加坚实的物质基础和社会基础。但是，发展民主须以促进经济社会发展和增进民生福祉为导向，绝不能以牺牲经济社会健康、可持续发展为代价。

五是处理好全过程人民民主与稳定的关系。须坚持实事求是原则，综合经济社会发展水平、人民群众民主诉求以及民主政治发展规律等因素发展全过程人民民主，既要避免"民主赤字"导致社会死水一潭、缺乏活力，也要避免"民主超速"导致社会动荡不安或者滑向民粹主义。

3. 发展全过程人民民主的路径

党的二十大报告强调，要发展全过程人民民主，保障人民当家作主。发展全过程人民民主必须坚定不移走中国特色社会主义政治发展道路，坚持党的领导、人民当家作主、依法治国有机统一，坚持人民主体地位，充分体现人民意志、保障人民权益、激发人民创造活力。

从未来国家治理现代化的大视野来看，推进中国全过程人民民主，发展完善的具体实现机制，涉及执政党、国家、政府、社会、基层等各个方面。民主的全方位提升，需要不断推动全过程人民民主在国家和社会生活中的全链条、全方位、全覆盖实现，巩固和筑牢国家治理现代化民主根基和政治基础。

第一，从党的长期执政层面看，要巩固党科学执政、依法执政的民主基础。中国共产党的领导是国家治理现代化的组织协调核心，是国家治理现代化的政治优势，也是国家治理现代化与全过程人民民主协同推进的制度优势。把中国共产党的领导和执政的制度优势，转化为国家治理现代化的治理优势和效能，关键是"提高党科学执政、民主执政、依法执政水平"。一是要健全党的集体领导制度，落实党的民主集中制原则，严格按照集体领导、民主集中、个别酝酿、会议决定的原则，由集体讨论、按少数服从多数作出决定。二是坚持党员主体地位，保障和落实党员的民主权利，拓宽和完善党员参与组织决策和民主监督的途径和机制，不断完善党员民主权利实现的制度机制。三是开放和落实人民群众参与和监督基层党组织的渠道和路径，探索人民群众评议监督党的领导干部的民主考评机制。四是切实以人民民主激励党内民主，以党内民主带动人民民主，形成党内民主与人民民主互动协同的良好政治生态。

第二，从国家治理制度体系层面看，要巩固人民当家作主的民主基础。立党为公、执政为民，是中国共产党的初心使命和崇高宗旨，体现在国家治理的制度体系层面，就是健全"为人民执政、靠人民执政"的民主制度体系。人民代表大会制度是国家治理的根本政治制度，也是实现全过程人民民主的重要制度载体。坚持和完善这一根本民主政治制度，一是保证人民能够通过人民代表大会制度实现当家作主的权利，支持和保证人民通过人民代表大会行使国家权力，保证各级人大都由民主选举产生、对人民负责、受人民监督。二是要落实各级人民代表大会的宪法职责和法律职能，支持和保证人大及常委会依法行使立法权、监督权、决定权、任免权，健全人大对行政机关、检察机关、审判机关的监督制度，维护国家法制统一、尊严、权威。三是加强和提高各级人民代表的专业化水平，加强人大代表工作能力建设，密切人大代表同人民群众的联系。健全吸纳民意、汇集民智工作机制，建设好基层立法联系点，提升人民代表的质量和民主素质。四是不断总结推广地方人民代表大会民主创新的经验和机制，保证地方各级人民代表大会在地方和基层治理中真正发挥民主功能。

中国共产党领导的多党合作和政治协商制度是中

国特色社会主义民主的内在组成,是全过程人民民主实践落实的重要民主渠道,体现在国家治理的各个层面和各个领域。一是坚持和完善中国共产党领导的多党合作和政治协商制度,就要坚持党的领导、统一战线、协商民主有机结合。坚持在党的领导下,充分调动全国各界各领域人民群众,通过协商民主的方式实现民主,参与国家治理,管理国家事务的根本权利,实现发扬民主和增进团结相互贯通。二是应继续坚持推进协商民主"广泛、多层、制度化",把协商民主贯穿在中国政治生活和社会治理的各个领域,以及社会主义协商民主履行职能的全过程。三是加强界别委员与界别群众之间的联系,提高界别委员参政议政的代表能力,完善人民政协民主监督和委员联系界别群众制度机制,实现深度协商互动、意见充分表达、广泛凝聚共识水平。

第三,从服务型政府治理层面看,要巩固民主行政的民主基础。政府治理是国家治理的执行落实层面,是党和国家治理现代化能否落实到位的关键环节。民主行政必须体现在各级政府行政行为的全过程中,这是在政府公共行为中落实全过程人民民主的现实要求。一是在各级人民政府决策中,坚持和拓宽民主决策的制度和机制。二是在各级政府治理活动中,注重扩大和吸收企业事业单位、社会组织和广大公民的参与和合作。三是在对政府权力监督制度体系的建设中，加强基层人民代表大会的民主监督功能。

第四，从社会民主治理层面看，要巩固共建共治共享的民主基础。社会治理，是民主社会建构的全域性和基础性工程。在社会治理中的公共权力、公共决策、公共管理、公共监督方面，只有加强全过程人民民主，用坚实的法律规定和政策规范，保证实现民主选举、民主协商、民主决策、民主管理、民主监督的全覆盖，才能构建共建共治共享的民意支持和社会认同基础。协商民主是实践全过程人民民主的重要形式，也是在社会治理方面实现多元民主参与的重要途径。发展协商民主主要通过两个途径：一是完善协商民主体系，统筹推进政党协商、人大协商、政府协商、政协协商、人民团体协商、基层协商以及社会组织协商，健全各种制度化协商平台，推进协商民主广泛多层制度化发展。二是各级政府要切实开拓制度渠道和制度路径，克服和抑制政府"大包大揽"的治理惯性和治理方式，尽快创新和构建"党政统合、多方参与、协同治理"的社会治理格局。

第五，从基层民主治理层面看，要巩固基层群众自治的民主基础。广大人民群众应是基层治理实践的真正主体，是真正的创造者。让广大人民群众真正能够积极参与基层治理实践，并以法治化的制度保障落实基层人民的民主权利，这是全过程人民民主在基层社会的最生动实践和最鲜活体现。一是巩固和完善基层群众自治的制度体系和制度实效，加强基层组织建设，增强城乡社区群众自我管理、自我服务、自我教育、自我监督的实效。二是坚决遏制不断蔓延的基层行政化、官僚化发展趋势，深化地方和基层政府管理的体制机制。完善办事公开制度，拓宽基层各类群体有序参与基层治理渠道，保障人民依法管理基层公共事务和公益事业。三是构建城乡一体化的平等基层治理体系，健全城乡要素双向自由流动的开放体制机制。

全过程人民民主的生动实践进程，能动主体是广大人民，创新动力也来自广大人民。"珍惜人民给予的权力，用好人民给予的权力，自觉让人民监督权力。"在完善国家制度体系中，健全全过程人民民主的实现机制；在人民群众基层治理实践中，总结民主的生动创新机制。只有不断激发人民群众民主治理创新的无限能动性，只有不断释放广大人民群众的民主创新活力，总结推广全过程人民民主的基层实践和创新经验，才能在国家治理现代化的伟大进程中，不断夯实国家治理现代化的民主社会基础，才能真正把全过程人民民主落实到国家治理和社会治理的各个环节，才能真正筑牢中国特色社会主义国家治理现代化的基础性工程。

三　实践与制度篇

党的二十大报告指出，全过程人民民主是社会主义民主政治的本质属性，是最广泛、最真实、最管用的民主。习近平总书记强调："民主不是装饰品，不是用来做摆设的，而是要用来解决人民要解决的问题的。"[①] 因此，如何践行全过程人民民主理念，坚持人民主体地位，充分体现人民意志、保障人民权益、激发人民创造活力，是发展全过程人民民主的关键所在。

发展全过程人民民主，无论在思想、理论方面，还是在制度、政策方面，都是一项探索性很强的实践活动，要时刻保持正确的政治方向、清醒的理论认识。现阶段，在思想认识上，树立正确的民主观和全面的政治发展观，对发展社会主义民主政治、推进全过程人民民主建设极为关键。发展全过程人民民主，必须坚持党的集中统一领导，坚持以人民为中心的发展思

[①] 《习近平谈治国理政》第2卷，外文出版社2017年版，第296页。

想，坚定不移走中国特色社会主义政治发展道路。必须健全民主制度，丰富民主形式，拓宽民主渠道，确保党和国家在决策、执行、监督落实各环节都能听到人民声音，都有人民参与。

发展全过程人民民主，作为中国式现代化的本质要求，就是要全链条、全方位、全覆盖地保证人民当家作主。必须加强人权法治保障，保证人民依法享有广泛权利和自由，厚植全过程人民民主的物质基础，推动人的全面发展、全体人民共同富裕取得更为明显的实质性进展。

（一）筑牢全过程人民民主的经济基础

经济基础决定上层建筑。民主是政治上层建筑的重要组成部分，有什么样的经济基础，就有相应的民主形式与之相适应。马克思、恩格斯指出："无产阶级将利用自己的政治统治，一步一步地夺取资产阶级的全部资本，把一切生产工具集中在国家即组织成为统治阶级的无产阶级手里，并且尽可能快地增加生产力的总量。"[①] 社会主义民主是真实的，不同于西方资产阶级民主虚幻的形式，也不依靠空洞的政治说教和政治设想，而是建立在坚实的经济发展和社会生产力进

[①] 《马克思恩格斯文集》第 2 卷，人民出版社 2009 年版，第 52 页。

步之上，扎扎实实地推进民生建设和保障广大人民群众的切身利益。中国特色社会主义进入新时代，在民主政治建设方面大力推进全过程人民民主的绩效，从根本上取决于坚持以公有制为主体、多种所有制经济共同发展的基本经济制度，核心是保持和强化公有制的主体地位。没有公有制的主体地位，没有全体人民的共同富裕，就谈不上人民当家作主，就谈不上全过程人民民主的实现。

中国的民主本质是社会主义民主，是人民当家作主。民主的主体从来都是经济上掌控生产资料、政治上取得了统治地位的阶级，社会主义民主是在消灭了私有制和剥削阶级的基础上产生的，它在人类历史上第一次实现了为绝大多数人服务的民主。中国共产党的奋斗史，就是一部团结带领广大人民群众探索社会主义民主发展道路、实现人民当家作主的奋斗史。中华人民共和国成立以来中国政治发展道路的探索，始终坚持经济之于政治的决定性意义，不仅以经济基础的变革实践开辟了扬弃和超越资本主义民主的现实道路，而且以坚持公有制经济为主体和巩固人民当家作主的现实提供了坚强的制度保障。经过 70 多年的探索，中国的民主体系已经完整地建构起来，民主广泛地存在于各个领域、各个层级，形成了全过程人民民主这一中国民主的伟大创造。经济上的公有制和全过程人民民主的辩证统一，塑造出中国民主的人民性，既保证了中国民主的真实性，又保证了中国民主的有效性。中国民主在政治、经济、文化等社会生活的方方面面解放了人民群众，人民群众作为国家和社会的主人，运用自己在各个领域的民主权利不断追求和创造美好幸福生活，社会主义民主的优越性不断彰显。

保障人民当家作主，就要满足人民对美好生活的需要，逐步实现全体人民的共同富裕，既要实现人民物质生活的需要，也要满足人民精神生活的多层次需要。随着全过程人民民主的不断推进，中国人民不但享有更加广泛的民主权利，而且在医疗、教育、卫生、社会保障等方面享有更加全面的服务和制度保障。因此，人民既是推动社会经济发展的主体，也是社会经济发展成果的共享者，坚持发展依靠人民，发展为了人民，发展成果由人民共享，从根本上体现了中国特色社会主义制度的显著优势。

（二）坚持以人民为中心的民主发展理念

人民观是新时代中国民主观的本源，发展社会主义民主，就要坚持好人民观、践行好群众路线。民心是最大的政治。党的十八大以来，习近平总书记多次对人民至上的观点作出重要论述，集中反映了中国共产党作为马克思主义政党的本质，突出强调了人民是新时代中国共产党的执政基础，彰显百年大党的政治本色和价值追求。在庆祝中国共产党成立100周年大会上的讲话中，习近平总书记指出："新的征程上，我们必须紧紧依靠人民创造历史，坚持全心全意为人民服务的根本宗旨，站稳人民立场，贯彻党的群众路线，尊重人民首创精神，践行以人民为中心的发展思想，发展全过程人民民主。"①

贯彻以人民为中心的民主发展理念，就要紧紧围绕社会主要矛盾的转化发展全过程人民民主。进入中国特色社会主义新时代，中国社会主要矛盾已经转化为人民日益增长的美好生活需要和不平衡不充分的发展之间的矛盾。党的十九大报告指出："人民美好生活需要日益广泛，不仅对物质文化生活提出了更高要求，而且在民主、法治、公平、正义、安全、环境等方面的要求日益增长。"② 这就为发展全过程人民民主提供了方向指引，即更好地满足广大人民群众对美好生活的需要，始终坚持以人民为中心的发展理念，坚持发展为了人民、发展依靠人民、发展成果由人民共享，在满足人民物质生活需要的同时，更好地满足人民对民主、法治、公平、正义等方面的新期待新要求，调

---

① 《习近平谈治国理政》第4卷，外文出版社2022年版，第9页。
② 《习近平谈治国理政》第3卷，外文出版社2020年版，第9页。

动广大人民群众积极参与管理国家事务、经济和文化事业、社会事务的积极性和能动性，不断健全和完善民主制度程序，更加有效地保障人民群众的民主权利。

中国特色社会主义政治发展道路之所以具有强大生命力和显著优越性，关键在于它深深植根于人民之中，体现了人民意志、保障了人民权益、激发了人民创造活力。中华人民共和国成立70多年来，中国共产党领导中国人民，创造了世所罕见的经济快速发展奇迹和社会长期稳定奇迹。党的十八大以来，以习近平同志为核心的党中央带领人民接续奋斗，实现经济社会高质量发展，如期实现全面建成小康社会目标，并继续向实现全体人民共同富裕这一新目标而奋进。

中国共产党历来将群众路线视作党的生命线和根本工作路线，坚持以人民为中心的发展思想，做到守民心、惠民生、聚民意、汇民智、解民忧、护民权，在治理实践中全面体现社会主义民主的宗旨和价值。坚持党的群众路线、践行人民观，有助于新形势下进一步筑牢党群关系的政治基石。

今后一个时期，建立健全服务人民群众的工作平台和人民监督体系是践行全过程人民民主理念、走好群众路线的有效路径和关键举措。中国共产党历来具有重视做好群众工作的优良传统，也在不同历史阶段探索过中国劳动组合书记部、农民运动讲习所等各种群众工作制度载体。随着当前社会主要矛盾的转变，群众工作的制度化建设跟不上新形势对群众工作能力的要求，群众工作制度化建设不足弱化了党的群众工作能力。一方面，作为党和人民群众纽带的群团工作与新形势新任务新要求相比仍存在差距。一段时期以来，面对群众多样化和复杂化的新形势，既有的群团组织群众基础薄弱、有效覆盖面不足、吸引力凝聚力下降，甚至存在脱离群众现象，官僚化机关化等作风有待转变。另一方面，互联网的快速普及和新技术的飞跃，使得民意呈现更加便捷，网上群众工作精准化难度加大。一些地方和部门群众工作网络平台重复建设，造成公共人力物力财力资源大量浪费，也导致民意诉求更加碎片化、复杂化，造成一些地方治理和部门工作出现了"网上平台百花齐放、群众反映问题投诉无门"等问题。

发扬民主、践行党的群众路线，应进一步加强群众工作制度化建设，搭建好全过程人民民主的制度化平台。中国共产党历来有着群众工作的优良传统，也在不同历史阶段探索过各种群众工作制度载体。新征程上，面对当前社会主要矛盾转变、群众利益诉求多样化复杂化以及网上群众工作精准化难度加大的新情况，为了加强党的政治建设，密切党和人民群众的血肉联系，建议优化党和国家机构改革，在党的各级组织体系中设立人民工作部。这有利于将社会主义民主理念和治国理政体系融会贯通，也有利于以新时代"人民观"为指引，解决好人民群众急难愁盼的民生问题，扎实推进共同富裕，防范化解敌对势力挑拨我党群关系的政治风险，巩固党的执政根基。

（三）坚持民主集中制原则

中国共产党的领导是中国发展全过程人民民主的根本保证，集中体现于民主集中制原则。民主集中制是中国国家组织形式和活动方式的基本原则，是党的群众路线在党和国家领导制度、工作制度建设上的成功运用，是中国共产党和中国国家制度的突出特点优势。在党的领导下，中国社会主义民主生动体现为民主基础上的集中和集中指导下的民主相结合。在这个过程中，实现了全链条、全方位、全覆盖的民主，也实现了高效、科学、有用的集中。党和国家机关的组成和运行，均遵循民主集中制原则。

民主集中制是辩证的、两点论的。中国实行的民主集中制，是既有集中又有民主、既有纪律又有自由、既有统一意志又有个人心情舒畅生动活泼的制度，是民主和集中紧密结合的制度。一方面，党和国家通过完善各项制度，充分保障人民群众依法行使民主权利，各党派、各团体、各民族、各阶层和各界人士，无论从事何种职业、持有何种信仰，都享有平等的政治权利，在共同的政治基础上充分表达不同的意见和诉求，实现最广泛的政治参与，实现最真实的民主。另一方面，中国共产党在充分民主的基础上正确集中各方意见，汇聚各方面的智慧和力量，形成统一意志和统一行动，从而实现广泛民主基础上的高度集中。国家层面则按照宪法确立的民主集中制原则、国家政权体制和活动准则，实行全国人民代表大会统一行使国家权力，实行决策权、执行权、监督权既有合理分工又有相互协调，保证国家机关依照法定权限和程序行使职权、履行职责，保证国家机关统一有效组织各项事业。

坚持民主集中制，关键是要发扬民主作风，不能搞"家长制"和"一言堂"。对于国家机关工作人员而言，是否发扬民主作风，能否虚心接受大家的合理建议，关系到科学决策、民主决策的实际效果。党和国家的各项重大决策和制度设计，都需要在民主集中制基础上进行。各级领导班子既要充分发扬民主，又要善于集中，在调查研究、反复讨论基础上，作出符合党和国家、人民群众根本利益的正确决策。

坚持民主集中制，就要始终做到"两个维护"。民主集中制须坚持四个原则，即"个人服从组织、少数服从多数、下级服从上级、全党服从中央"。党的十八大以来，中国共产党形成了坚决做到"两个维护"这一伟大正确的政治论断，为新时代贯彻民主集中制提供了根本遵循。坚持民主集中制，就要旗帜鲜明讲政治，深刻领会"两个确立"的决定性意义，增强"四个意识"，坚定"四个自信"，做到"两个维护"。党的各级组织、全体党员特别是高级干部都要向党中央看齐，向党的理论和路线方针政策看齐，向党中央决策部署看齐，做到党中央提倡的坚决响应、党中央决定的坚决执行、党中央禁止的坚决不做。

民主集中制是符合中国国情和实际的制度安排，有利于发挥社会主义民主制度的优势，发挥人民群众的积极性、创造性，增强党和国家的活力；有利于促使各类国家机关提高能力和效率、增进协调和配合，形成治国理政的强大合力，同时切实防止出现相互掣肘、效率低下、内耗严重的现象，避免西式民主中常出现重大利益集团捕获政治的问题；有利于正确处理中央和地方关系，正确处理民族关系，正确处理各方面利益关系，调动一切积极因素，维护国家统一、民族团结、社会和谐，巩固和发展民主团结、生动活泼、安定和谐的政治局面。

（四）坚持以人民代表大会制度为重要制度载体，发挥好各级人大的职能作用

发展中国社会主义民主，建设社会主义政治文明，最重要的是要坚持和完善人民代表大会制度。中国宪法规定，人民通过普遍的民主选举，组成五级人民代表大会，参与国家事务的管理，行使当家作主的权利。人民代表大会统一行使国家权力，拥有立法、监督、人事任免、重大事项决定四项主要职权，并对人民负责、受人民监督。人民代表大会制度坚持国家一切权力属于人民，最大限度保障人民当家作主，是坚持党的领导、人民当家作主、依法治国有机统一的根本政治制度安排。

党的十八大以来，以习近平同志为核心的党中央高度重视人大制度建设和人大工作，推动人大工作取得历史性成就，推动人民代表大会制度理论和实践创新不断取得新成果。人大代表选举体现全过程人民民主理念；立法、监督项目的确定体现人民意志；立法、监督工作中充分听取吸收各方面意见建议；坚持把人民群众满意不满意作为检验人大工作成效的根本标尺。

人民代表大会制度，既是中国人民民主专政政权的组织形式，也是中国人民实现当家作主和"一切权

力属于人民"的根本途径和最高形式。习近平总书记在中央人大工作会议上指出："人民代表大会制度是实现我国全过程人民民主的重要制度载体。"[①] 2021年第十三届全国人民代表大会第四次会议将"坚持全过程民主"写入修改后的《中华人民共和国全国人民代表大会组织法》，提出在选举、立法、监督等工作中贯彻全过程民主，坚持开门立法，加强人大常委会及其机构同人民代表的联系，加强人民代表与人民群众的联系。从这一规定判断，全过程人民民主发展的一大工作重点和着力方向是不断完善人大监督制度，充分发挥各级人民代表大会的监督作用。对法律法规实施情况的监督有待加强，各级人大及其常委会要聚焦党中央重大决策部署，聚焦人民群众所思所盼所愿发挥监督作用，推动解决制约经济社会发展的突出矛盾和问题；各级"一府一委两院"要严格执行人大及其常委会制定的法律法规和作出的决议决定，依法报告工作，自觉接受人大监督。

新时代支持和保证人民通过人民代表大会行使国家权力，发挥人大及其常委会在立法工作中的主导作用，支持和保证人大依法行使立法权、监督权、决定权、任免权，不断加强人大自身建设，使各级人大及

---

① 《习近平谈治国理政》第4卷，外文出版社2022年版，第261页。

其常委会成为全面担负起宪法法律赋予的各项职责的工作机关，成为同人民群众保持密切联系的代表机关，体现了中国特色社会主义民主政治鲜明的法治追求。

人民代表大会制度是实现最根本、最广泛政治参与的制度通道，人民代表大会是中国政治体系中最正式的决策机关。在五级人大的履职实践中，人民民主的全过程属性得到最充分的体现，成为一种具体的、经验性的现实。正是从这一意义上说，人民代表大会制度是发展全过程人民民主的主渠道。[①]

近年来，中国积极发挥人大的职能作用，加快推进社会主义民主政治制度化、规范化和程序化，用一系列法治成果发展了全过程人民民主。2015 年 3 月，第十二届全国人民代表大会第三次会议通过了修改后的《立法法》，加强全国人大及其常委会在立法工作中的主导作用，保障人民通过多种途径参与立法活动，有效推进科学立法、民主立法、依法立法。同时，中国不断加强人大自身建设，制定出台立法项目征集和论证工作规范、全国人大常委会法工委基层立法联系点工作规则、向社会公布法律草案征求意见工作规范等一系列操作性文件，将全过程人民民主的原则和要求进一步贯彻到具体的立法实践中。2021 年 3 月，第

[①] 程竹汝：《人大制度内涵的充分展现构成全过程民主的实践基础》，《探索与争鸣》2020 年第 12 期。

十三届全国人民代表大会第四次会议对《中华人民共和国全国人民代表大会组织法》和《中华人民共和国全国人民代表大会常务委员会议事规则》作出修改，将"全国人大及其常委会坚持全过程民主"写进法律，把全过程民主贯彻到立项、起草、审议、论证、评估、监督和宣传等立法工作及代表履职的各方面各环节，明确要求全国人大代表充分发挥在全过程民主中的作用，这就为进一步发展全过程人民民主提供了坚实的制度保障。[①] 在全国人大及其常委会的示范带动下，各级人大及其常委会全面担负起宪法法律赋予的各项职责，各级人大代表密切联系群众、真实反映民意，在全过程人民民主中共同发挥着不可替代的重要作用。[②]

（五）进一步提升协商民主效能

"有事好商量"的社会主义协商民主是中国民主政治中独特的、独有的、独到的民主形式，是对社会主义民主多样形式和特征的反映，具有团结联合、集思广益、增进共识的重要功能。相比西式票决民主，协

[①] 全国人大常委会法制工作委员会：《坚持和践行全过程民主 推进新时代立法工作高质量发展》，《求是》2021年第13期。

[②] 张君：《全过程人民民主：新时代人民民主的新形态》，《政治学研究》2021年第4期。

商民主生动展现了社会主义民主的特征和优势。社会主义协商民主、全过程民主是对社会主义民主多样形式和特征的反映。党的十八大以来，社会主义协商民主得到广泛多层制度化发展，制度化、规范化水平空前提升。一方面，相比西式票决民主，协商民主生动展现了社会主义民主的特征和优势。全过程民主是中国社会主义民主在新时代的最新概括，充分展现了社会主义民主的鲜明特征。社会主义协商民主与全过程民主相辅相成，相得益彰，不是边界不清、前后冲突或相互替代的关系。当前理论传播和学术研讨中出现了协商民主被"淡化"等倾向，对于"协商民主"不再深谈。建议防范此类现象，注意充分发挥协商民主功能。

党的十八大以来，以习近平同志为核心的党中央开启了进一步发展社会主义协商民主的新征程，社会主义协商民主得到广泛多层制度化发展。党的十八大首次提出了"推进协商民主广泛多层制度化发展"的命题。习近平总书记在庆祝中国人民政治协商会议成立65周年大会上的讲话中，进一步将"推进协商民主广泛多层制度化发展"提升到了战略任务的新高度。协商民主的制度和程序建设由此取得重大进展。

协商程序的规范化程度进一步增强。党的十八大以来，党中央先后印发《关于加强社会主义协商民主建设的意见》《关于加强人民政协协商民主建设的实施意见》《关于加强和改进人民政协民主监督工作的意见》等重要文件，为社会主义协商民主的规范化开展提供了重要的制度依据。这些文件提出从实际出发，按照科学合理、规范有序、简便易行、民主集中的要求，制订协商计划、明确协商议题和内容、确定协商人员、开展协商活动、注重协商成果运用反馈，确保协商活动有序务实高效。

协商民主的制度化水平进一步提高。一是围绕政党协商，完善了民主党派直接向中共中央提出建议制度，民主党派每年以调研报告、建议等形式直接向中共中央提出意见和建议，健全知情明政机制，完善协商反馈机制等。二是围绕人大协商，健全了立法协商制度，法律法规起草协调机制，立法论证、听证、评估机制，法律法规草案公开征求意见，公众意见采纳情况反馈机制，法律法规规章起草征求人大代表意见制度等。三是围绕政府协商，规范了意见征集和反馈机制、听证机制、决策咨询机制，完善人大代表议案建议和政协提案办理联系机制，建立和完善台账制度等。四是围绕政协协商，完善了政协全体会议协商制度、双周协商座谈会制度，完善委员推荐提名工作机制、委员联络制度等。五是围绕人民团体协商，健全了人民团体参与各渠道协商的工作机制，健全直接联系群众工作机制等。六是围绕基层协商，建立健全了乡镇、街道协商与行政村、社区协商的联动机制，在企事业单位健全以职工代表大会为基本形式的企事业单位民主管理制度，畅通职工表达合理诉求渠道，健全各层级职工沟通协商机制等。七是围绕社会组织协商，建立健全了党和政府与相关社会组织联系的工作机制和渠道等。

"立治有体，施治有序。"不断健全和完善工作程序、制度和机制，为确保协商民主有制可依、有规可守、有章可循、有序可遵提供了坚实的制度保障。习近平总书记强调："涉及全国各族人民利益的事情，要在全体人民和全社会中广泛商量；涉及一个地方人民群众利益的事情，要在这个地方的人民群众中广泛商量；涉及一部分群众利益、特定群众利益的事情，要在这部分群众中广泛商量；涉及基层群众利益的事情，要在基层群众中广泛商量。"[1] 这就要求从全国、地方、基层等多个层面广泛深入推进协商民主建设，构建程序合理、环节完整的社会主义协商民主体系。

一是发展多元协商主体。社会主义协商民主是全国上上下下都要做的，而不是仅仅局限在某一级。协商民主贯穿社会主义民主政治全过程，国家机关、民

---

[1] 习近平：《在庆祝中国人民政治协商会议成立 65 周年大会上的讲话》，人民出版社 2014 年版，第 14 页。

主党派、人民团体、基层组织、企事业单位、社会组织、各类智库等在中国共产党领导下有序开展协商活动。同时，协商组织者及时启动协商工作，在决策前和决策中启动协商，以便可以根据各方面的意见建议来决定和调整决策和工作；在协商前向参与协商的主体通报有关情况，确保相关主体在协商中有互动、有商量，避免各说各话、流于形式；营造宽松民主的协商环境，鼓励各类主体深入交流讨论和充分发表意见建议，真正形成知无不言、言无不尽的良好氛围。

二是畅通多种协商渠道。重点加强政党协商、政府协商、政协协商，积极开展人大协商、人民团体协商、基层协商，逐步探索社会组织协商，形成多种协商渠道协同推进、相互衔接的良好局面。对于涉及面广、关注度高的事项，除了约谈协商、书面协商以及一般性会议协商外，协商组织者还经过专题协商会、民主听证会等程序进行协商。协商过程多个环节的有序衔接和协商渠道的畅通，确保协商实践深入有效。

三是建立多元协商层级。协商活动在中央、地方、基层有序展开，在各层级各部门有序展开。各级党委充分发挥中国共产党领导的多党合作和政治协商制度的优势加强政党协商，各级人大用足用好人民代表大会的制度优势积极开展人大协商，各级政府围绕施政重点和民生重大关切开展政府协商，各级人民政协充分运用政协优势不断完善政协协商，乡镇（街道）、行政村（社区）、企事业单位稳步推进基层协商，各人民团体、各类社会组织围绕主责主业探索开展人民团体协商、社会组织协商，协商民主的科学性和实效性不断提高。

四是丰富多样协商方式。协商民主是全方位的，而不是仅仅局限在某个方面。协商民主贯穿到党、国家、社会及民众生活的各个领域、各个方面，协商内容既涉及经济社会发展重大问题也涉及群众切身利益的实际问题，既涉及长远问题也涉及当前迫切需要解决的问题，包含国家大事、社会难事、百姓琐事，囊括政治、经济、文化、社会、生态文明建设各个领域。在协商形式上，既有提案、会议、座谈、论证，也有听证、公示、评估、咨询等方式，根据协商内容选择相应方式、统筹发挥传统方式和网络手段作用的工作方法。

只有完善制度程序安排，才能为践行"有事多商量、遇事多商量、做事多商量"提供坚实保障；遍布各个层级和角落的创新实践，使得协商民主具体地、现实地体现到党治国理政的政策措施上，具体地、现实地体现到党和国家机关各个方面各个层级工作上，具体地、现实地体现到实现人民对美好生活向往的工作上。

当今世界正在经历百年未有之大变局，实现中华民族伟大复兴正处于关键时期。面对改革开放进程中利益格局深刻调整的新形势，面对社会新旧矛盾相互交织的新变化，面对市场经济条件下思想观念多元多样的新情况，面对世界范围内不同政治发展道路竞争博弈的新挑战，我们必须充分发挥中国共产党领导的政治优势和中国特色社会主义的制度优势，把各方面智慧和力量凝聚起来。中国共产党的领导是包括各民主党派、各人民团体、各民族、各阶层、各界人士在内的全体中国人民的共同选择，是中国特色社会主义最本质的特征，也是社会主义协商民主健康有序发展的根本保证。在全面建设社会主义现代化国家的新征程上实行和发挥协商民主，绝不允许发生因搞协商民主而削弱了党的领导和权威的事情，必须毫不动摇坚持党的集中统一领导。在全面建设社会主义现代化国家的新征程上，必须践行全过程人民民主，发展更加广泛、更加充分、更加健全的协商民主，把各方面智慧和力量凝聚起来，形成心往一处想、劲往一处使的强大合力，不断开拓人民当家作主新局面。[1]

（六）巩固公共行政的民主基础

党和国家各项战略部署，都需要各级政府最终来

---

[1] 王红艳、杨抗抗：《植根中国大地的协商民主》，《人民日报》2021年12月17日第12版。

贯彻执行。再好的路线方针政策，如果没有高效到位的政府执行，也会出现各种各样的扭曲变形和"行政中梗阻"。所以，政府治理是国家治理的执行落实层面，是国家与社会接触互动的中介层面，也是党和国家治理能否落实到位的关键环节。党的十九届四中全会《决定》提出的"必须坚持一切行政机关为人民服务、对人民负责、受人民监督"政府治理原则，是"人民政府为人民"一贯宗旨的坚持和提升，是民主行政原则的根本要求，是全过程人民民主在行政领域的落实，也必须以民主行政的制度化和法治化加以实现。民主行政必须体现在各级政府行政行为的全过程中，这是在政府公共行为中落实全过程人民民主的现实要求。

一是完善政务公开制度。坚持政务公开，保障人民的知情权和监督权，是人民政府的职责所在，也是推进公共行政民主化的重要手段和方式。凡涉及群众切身利益，与群众直接相关的事项，均须公开。政务公开能够方便公众及时了解政府运行的程序和信息，参与到公共事务管理中来，同时也有效保证了公众对政府职能的监督，推进廉洁政府、有为政府建设。

二是完善行政听证制度。行政机关在立法或作出行政决定过程中，为了防止行政专断，需要充分征求有关利害关系人的意见，这是推动行政民主化不可或缺的方式。这一制度能够使公众与行政机关有了更多的直接交流，为公众提供反映意见和建议的渠道，保证了公众的参与权，真正体现人民当家作主的地位。

三是完善行政咨询制度。随着社会发展的日趋复杂化，当今政府决策时面对的社会环境瞬息万变，需要考虑的因素非常复杂，需要处理的信息千头万绪，因此促进科学决策和民主决策，单靠哪一个部门、哪一个人的力量都不可能实现。公共行政决策必须整合各方面的力量，建立包括行政负责人、新型智库和各行各业专家、广大公众在内的公共行政共同体，广泛倾听意见和建议，反复衡量和考虑，最终作出符合广大人民群众利益的最优方案。目前，全国各地治理实践中不乏"开门决策""协商民主决策""民主参与决策"的创新实践探索。

四是健全对政府权力的监督体系。今后需要加强基层人民代表大会的民主监督功能，开放和完善新闻媒体、社会组织和广大公民参与监督的渠道和力度，减少体制内资源空耗的繁多"打分考评"，完善社会参与和公众评议的"民主评议政府"体系，真正落实"人民政府人民监督"的制度机制。用人民监督和民主监督的强大力量，来推动和促进民主行政的真正落实，用全过程人民民主筑牢政府治理的民主基础。

（七）发挥基层群众自治的民主作用

基层群众自治制度是广大人民群众在基层实践中的民主创造，是国家治理现代化民主基础的底层根基，在基层治理实践中发挥着强大作用。基层稳，社会治，国家安。广大人民群众应是基层治理实践的真正主体，是真正的创造者。要发挥更广大人民群众的自主性、积极性和创造性，就必须让广大人民群众真正能够积极参与基层治理实践，并以法治化的制度保障落实基层人民的民主权利，这是全过程人民民主在基层社会的最生动实践和最鲜活体现。

习近平总书记强调，改革开放只有进行时没有完成时。[①] 基层全过程人民民主也是如此，目前虽已取得巨大成就，但仍有较大的发展完善空间。在新时代，如何"以人民为中心"发挥基层群众自治的民主作用，全面推进基层全过程人民民主，是一项重要议题。

一是始终坚持党的领导，注重健全基层党组织并发挥基层党组织的引领作用。党政军民学，东西南北中，党是领导一切的，党的领导能够确保代表、实现和维护好人民利益的最大公约数，能够实现最广大人

---

① 习近平：《论坚持深化改革》，中央文献出版社2018年版，第9页。

民群众的当家作主，将党建触角延伸到基层治理的每一个角落，是提高基层治理能力和水平的重要保障。

二是发挥人民主体作用，在基层治理全过程中调动群众的积极性和能动性。人民是历史的创造者，基层治理必须发挥人民的主体作用，不断健全和完善有利于人民群众广泛参与的民主机制。目前，一些地方创设"民主协商日""民生议事堂""基层协商联络室""和合说事工作室""和谐促进会"等参与平台，但在全国建起民主参与平台的办法还不多，可以更加丰富多样。只有不断激发人民群众民主治理创新的无限能动性，只有不断释放广大人民群众的民主创新活力，总结推广全过程人民民主的基层实践和创新经验，才能在国家治理现代化的伟大进程中，持续筑牢国家治理现代化的民主社会基础。

三是发挥制度保障作用，构建更加协调融通的基层全过程人民民主制度体系。习近平总书记在党的十九大报告中指出："发展社会主义民主政治就是要体现人民意志、保障人民权益、激发人民创造活力，用制度体系保证人民当家作主。"[①] 制度化体系不是孤立的，而是上下衔接、相互配套、相辅相成的。这既表现在不同层级制度机制的衔接，也需要民主制度各环节配套。多年来，中国基层制度化体系建设成效显著，

---

① 《习近平谈治国理政》第3卷，外文出版社2020年版，第28页。

涌现一些典型案例，如江苏太仓的政社互动、四川彭州的社会协商、浙江桐乡的"三治融合"等，但都比较单一，自足性强，在开放性与协同性上明显不足。今后，应加强上下制度的互动、协同。如推进人大协商、政协协商、政府协商与基层协商的制度机制衔接；纪检监察巡察制度与基层村居务监督、群众评议制度的有效衔接；让治国理政和基层治理更多体现民意、民情、民智，人民群众有更多渠道参政议事，实现当家作主。

四是运用新的技术手段，促进基层治理的蝶变跃升。随着社会发展和科技进步，尤其是以信息技术、人工智能、大数据等技术的迅速发展，为当前基层治理提供了重要的技术工具，也为基层治理各项工作升级再造和获得质变提供了契机。因此，重视强化网络基础设施建设、构建智能化参与平台、畅通线上与线下参与渠道，特别是在广大农村建设快捷、方便、高效的智能化民主参与平台，有利于提升基层治理的便捷化、高效化和智能化。

（八）完善人民监督体系，持续改善党风政风

马克思主义政党夺取政权不容易，巩固政权更不

容易。如何跳出"其兴也勃焉，其亡也忽焉"的历史周期率？中国共产党人在延安时期就给出了答案，找到了一条"新路"，就是民主。只有让人民来监督政府，政府才不敢松懈。只有人人负责，才不会人亡政息。人民群众的眼睛最雪亮，监督权力、避免腐败，督促权力防懈怠，改进作风防止官僚主义。持续改善党风政风，保持党政机关的肌体健康，必须健全人民监督体系，让人民监督政府，调动人民的积极性和主动性，这是推进全过程人民民主的重要方向和实践路径。

人民代表大会制度是符合中国国情和实际、体现社会主义国家性质、保证人民当家作主、保障实现中华民族伟大复兴的好制度。用好宪法赋予人大的监督权，开展正确监督、有效监督、依法监督。各级人大及其常委会聚焦党中央重大决策部署，聚焦人民群众所思所盼所愿，推动解决制约经济社会发展的突出矛盾和问题。与党内监督和国家监察等相比，人大监督"刚""柔"相济，集政治监督、法律监督和人民监督为一体，更能发挥人民代表大会的特点，更能发挥中国特色社会主义民主的巨大优势。

践行全过程人民民主理念，建立起完善而有效的人民监督体系至关重要。习近平总书记指出："一个国家民主不民主，关键在于是不是真正做到了人民当家作主，……要看权力运行规则和程序是否民主，更要看权力是否真正受到人民监督和制约。"①"人民监督权力"始终都是中国民主制度建构的内核，是发展全过程人民民主的前提和基础。人民行使监督管理国家的民主权利，才能防止公权力滥用、腐化，才会保持执政党的先进性和代表性。人大监督、民主监督、人民监督、社会监督、舆论监督等共同构成完整的人民监督体系，与纪检监察等形成全面而有效的中国特色社会主义监督体系：既管人，又管事；既调查办案，又督促作风；既监督政府工作，又督促政策落实；既执行中央意志，又反映人民意愿。以"人民监督权力"推动全过程人民民主的着力点有以下方面。

一是以反腐败的人民立场保证人民当家作主。保持反腐败斗争的政治定力，持续深入地反腐倡廉，不断完善权力监督的制度体系，不断强化党纪国法的约束力和震慑力，是站稳人民立场、以人民为中心推动改革的根本体现。从权力监督体系的运行情况看，要真正实现人民有效监督权力、让人民参与反腐败斗争，前提是要让权力在阳光下运行。因此，进一步完善公权力监督就需要强调法律权威，以法治思维、法治方式反腐败，推动国家机关权力运行公开透明，在法治政府建设中落实"人民监督权力"的指导思想。没有

---

① 习近平：《论坚持人民当家作主》，中央文献出版社 2021 年版，第 335—336 页。

公开就没有实质性的监督，信息若不公开，人民监督的权利只能流于摆设。信息技术赋权改变了社会信息传播模式和效率，突破了行政权力对信息的垄断，让更多人具有了政治参与和公共表达的实质能力，同时也带动了社会多元主体权利意识的萌发。因此，发展全过程人民民主需要进一步提高政府信息公开质量，畅通人民政治参与和监督的渠道，更广泛地了解与回应社会民意，密切党和人民群众的血肉联系，巩固党的执政基础。

二是以常态化规范化的人民监督机制推动作风建设。国家监察体制是纪律和法律的底线监督，而人民监督则要求公职人员践行全心全意为人民服务的宗旨。对公德的监督则需要动员人民群众来监督党政机构和干部，尤其是针对一些社会广泛存在的隐蔽性比较强的机关作风问题，只有畅通人民监督的投诉、申诉途径，才能有效地治理合法的不良行政行为，纠正党政机构的官僚主义、形式主义、本位主义等作风问题。加强线上线下监督平台融合发展，推动人民声音能够充分表达、人民权益得到有效维护。创新"12345"热线、领导留言板等平台工作机制，定期选取人民群众反映强烈的突出问题进行挂牌督办，进一步提升人民群众的监督效能，让人民群众时刻感受到公平正义就在身边。

三是以党联系群众的机制为载体拓展人民监督的基层民主实践。"人民监督权力""人民监督政府"的实现，要从解决人民群众身边的实际问题着手。基层立法联系点的经验就是全过程人民民主接地气、聚民智的有益探索。除了立法环节，群团组织也是党联系人民群众的桥梁和纽带，这些组织覆盖政治、经济、文化、社会生活方方面面，联系着社会各界群体，是党听取民意、汇聚民智、致力民生、凝聚民心的重要机制。以往作为党和人民群众纽带的群团组织仍然存在基层组织薄弱以及一定程度工作能力不足的问题。发展人民监督的常态机制，还要激活并整合党联系人民群众的基层组织，通过发展基层群团组织，听取人民群众对教育、医疗、交通、养老、就业等民生政策的意见和建议，主动了解社情民意、回应人民的呼声、为人民群众排忧解难、践行全心全意为人民服务的宗旨。[①]

（九）以全过程人民民主推进国家治理现代化

人民对于美好生活的向往是多方面、多维度的，相应的政治安排也应该是全面、包容的。在党的领导

[①] 王阳亮：《人民监督权力：全过程人民民主的内在价值与保障机制》，《探索》2022年第3期。

下，民主政治发展是中国政治发展集成系统的一个有机环节，需要和家国安宁、民族复兴、强国富民、善政良治等的总体目标相协调，需要和国家治理体系与治理能力现代化的总体布局相协调。中国民主发展的经验表明，只有融入国家治理的民主建设，才能通过提升政治发展力和国家治理能力，推动全面建设社会主义现代化国家。

发展全过程人民民主，作为中国式现代化的本质要求，就是要全链条、全方位、全覆盖地保证人民当家作主。全过程人民民主是社会主义民主政治参与性、民主性、科学性、法治化和效率化的高度统一。因此，以全过程人民民主推进国家治理现代化，是中国民主政治演变与发展的必然。为更好地将全过程人民民主嵌入国家治理、实现治理现代化，须构建出以回应式治理为内容、以整体性治理为方向、以法治化治理为规约、以效能型治理为旨归的"四位一体"的实现机制。

1. 以回应式治理为内容推进国家治理现代化

回应人民诉求是国家治理能力的主要内容，也是国家治理水平的评估标准。所以，在发展全过程人民民主中推进国家治理现代化必须坚持回应式治理。所谓回应式治理，是指党与政府在多元主体参政议政的环境下，对民情民意进行"收集—筛选—执行—反馈"，公民也会根据自身需求和实际感受对党与政府的政策、行为和服务等进行再响应和再反馈，最终党与政府针对再反馈的结果进行自省的一种民主模式和治理模式。因而，全过程人民民主以回应式治理为内容推进国家治理现代化，必须发挥民主集中制的优势，在民主与集中的双轮驱动下实现党的领导与多元主体协同参与。

首先，中国共产党是国家治理现代化的领导者、执行者和推动者，关乎国家治理现代化的成败，所以回应式治理必须坚持党的一元领导，才能发挥党的组织优势，尽最大可能地集中、整合多类资源和多方力量回应民情民意，为国家治理现代化服务。

其次，由于公共事务的复杂性，必须将政府、市场、社会均纳入国家治理体制和多元治理格局中，这样既能避免政府在公共事务治理过程中由于信息资源不足带来决策失误的风险，提高国家治理效能，又能借助三方的合理分工，高效地回应人民多样化的诉求，加强权利保护和民主保障的同时激发社会活力。

最后，除了增强党、政府、社会和市场对人民诉求的回应，即生产"回应供给侧"，完整回应式治理链条还必须具备"回应生产侧"。因此，必须扩大人民群众的政治参与和政治表达，只有"需求"和"供给"发生了相互作用并对接起来，才能建立和夯实国家与人民间的信任关系，进而塑造一种稳定的社会资本，汇成推动国家现代化建设的强大合力。

2. 以整体性治理为方向推进国家治理现代化

整体性治理是国家治理现代化的方向之一。而全过程人民民主在价值理念上扬弃了"管理主义"，强调以公众为中心，协调多元主体间的价值冲突和弹性需求，实现民主力量的整合；在组织结构上加强了中央控制能力和聚合能力，实现了协同民主，避免部门竞争、过度分权与碎片化；在目标追求上旨在提供"无缝隙""一站式"的高质量服务，实现精准民主。可见，全过程人民民主内在运行着一种去中心化、协同化和精细化的整体性治理，而且这种整体性治理能广泛整合民主共识、聚合民主力量，推动国家迈向现代化。

具体而言，以整体性治理为方向的全过程人民民主从以下两个层面推动实现中国的现代化治理。一方面，盘活中国特色社会主义制度的优势，利用人民代表大会制度、新型政党制度、政治协商制度、民族区域自治制度和基层群众自治制度等，充分发挥党委、政府、人民群众和社会组织的作用，使国家、社会与个体良性互动与协调共存，最大限度地整合治理力量，打破条块分割的治理格局。另一方面，以回应现实问题为导向，将整体性治理落脚到公共服务上。所以，党与政府需要设计公开透明的制度运行机制，在保障社会力量顺利参与公共决策和公共行政的基础上，整合民主共识，增进人民获得感，有效弥合多元价值冲突、意见分歧和利益矛盾，实现协同化治理和精准治理。

3. 以法治化治理为规约推进国家治理现代化

很多人认为民主意味着参与、选举和协商等，实际上这只不过是表面化的民主形式，基础性或深层化的民主形式则是法治民主，即法治化的民主才是顺利实现国家治理现代化的手段和保障。因此，全过程人民民主必须在法治的轨道上推进国家治理现代化。

其一，从法治化治理的理念和功能看，法治化治理可以有效解决民主体制下"多数人暴政"问题，为民主价值在实践中的运行秩序套上"制度化"的笼套，将民主价值限定在法治范围内有效地发挥自身的治理功能，保证多数人治理，实现公共治理的有序化、国家治理和社会治理效益的最大化。

其二，从法治化治理的保障方式看，需要加强法定民主制度的贯彻实施，同时适时地将成熟的全过程人民民主制度上升为法律。比如，新近修改的全国人民代表大会组织法已经作出了初步尝试：将全过程人民民主作为全国人大及其常委会履职应当坚持的原则，使其始终同人民保持密切联系，倾听人民的意见和建议，体现人民意志，保障人民权益。

其三，从法治化治理的可操作化实践指向看，需要逐步实现法治国家、法治政府、法治社会一体化建设，不断推进国家治理体系和治理能力制度化、法治化。首先，必须坚持科学民主原则，不断完善立法，建立法治国家。其次，必须坚持依法行政和依法执政，使国家权力受法律监督和规制，建立法治政府。最后，必须不断深化司法体制改革，维护社会公平正义，建立法治社会。

4. 以效能型治理为旨归推进国家治理现代化

效能是国家治理现代化的实践遵循。所以，如何设计并发挥全过程人民民主的效能，是国家治理现代化的实践指向。而全过程人民民主不是"装饰物"和"摆设品"，它能够在程序与实效的规则创设中实现民主形式与内容以及民主手段与价值的统一，实现国家治理的高效化和规范化。以效能型治理为旨归促进国家治理现代化的基本思路如下。

一是借助"调研—制定—调整—执行—反馈"的程序机制和闭环链接，通过实现民主权利、满足利益需求和广泛政治参与、民主协商共识、民主监督实践等全链条、全方位、全覆盖的上下一致、内外联动的民主环节，贯通人民需求和人民监督，既保证了中国共产党有效"输入"人民需求和监督内容，又保证了政策措施的有效"输出"；既保证了人民意愿的有序化表达，又保证了民主治理成效的有效转化。

二是强化国家治理监督体系，构建全方位、全链条、全覆盖的制度执行监督体系，杜绝对制度执行做选择、搞变通、打折扣的现象，促使党政干部坚定不移地贯彻执行各项制度，让制度和政策真正落地而不虚化空转，只有这样才能落地全过程人民民主的治理实践，彰显国家治理现代化的实效。

四　优势与传播篇

"两个大局"凸显了全过程人民民主国际传播的意义，全过程人民民主以人民为中心的制度优势、全领域贯穿的理念优势和全方位展现的治理优势，夯实了国际传播底气。当下，建议在理解民主传播叙事特点的基础上，从价值、内容和技术入手，探索全过程人民民主国际传播的可行性方案。

（一）"两个大局"凸显全过程人民民主国际传播意义

"两个大局"是以习近平同志为核心的党中央在党的十九届五中全会中提出的谋划工作的基本出发点。在中国特色社会主义进入新时代、中华民族伟大复兴目标展现出前所未有的光明前景的背景下，中国与世界的关系正在发生历史性变化。站在这一历史方位，尤其需要深刻把握"两个大局"的内在含义及其与民主的相互联系，正确理解做好全过程人民民主国际传播的意义与价值。

1. 中华民族伟大复兴与全过程人民民主定位

中华民族伟大复兴中国梦是以习近平同志为核心的党中央提出的重大战略思想，是党和国家面向未来的政治宣言，着眼于坚持和发展中国特色社会主义。实现社会主义现代化，正是实现中华民族伟大复兴的具象化表达。

改革开放以来的历史告诉我们，中国的民主与社会主义现代化存在相融共生关系。民主政治建设必须着眼于社会主义现代化建设和中华民族伟大复兴全局。全过程人民民主是习近平总书记关于社会主义民主重要论述的最新结晶，也是社会主义民主在新时代广泛、真实、管用的实践写照。全面建成社会主义现代化强国、实现中华民族伟大复兴，是全过程人民民主持续发展所肩负的重任。全过程人民民主保障了人民当家作主的权利，激发着人民在中国共产党的领导下为实现中华民族伟大复兴的斗争豪情。

2. 世界百年未有之大变局与全过程人民民主发展

当今世界呈现出"中国之治"与"西方之乱"的

形势格局。一方面，冷战后30多年尤其是2008年国际金融危机爆发以来的历史表明，西式民主政治的扩张与衰败是世界政治动荡的乱源。美式民主模式失灵了，美式民主对外输出失败了，美国对外频打的"民主牌"失效了。事实表明，有着基因缺陷又身染政治"病毒"的美式自由民主神话破灭了，在全球实施西方民主化改造的战略破产了。美国引以为豪的"民主"身染沉疴，软实力大幅度缩水，国际形象与政治影响力大跌。另一方面，当今世界面临着冷战结束30多年来最危险、最复杂的政治局面。大国间信任缺失，全球面临治理赤字、和平赤字和发展赤字。政治对立、价值纷争、经济制裁等取代了对话与合作，"混乱""对抗"成了全球政治的流行词。以美国为首的西方政治阵营，固守冷战思维，重拾冷战工具，拼凑冷战集团，企图发动"新冷战"，重温霸权和单极世界的旧梦。

民主、自由、人权等问题是当今世界思想舆论交锋的焦点。围绕民主、自由、人权的话语权之争，不仅是概念之争、学术之争，更是制度之争和道路之争。价值观之争和国际舆论斗争的背后是激烈的政治较量，是不同道路、不同制度之间的竞赛，不仅关乎政治安全和民族复兴大业，也关乎世界发展和人类前途命运。

中国发展经验是全面的、系统性的，在思想建设、理论发展、制度构建、观念原则、规律探索等方面作出了许多原创性贡献。以中国式现代化全面推进中华民族伟大复兴，也是民主政治、价值观念、思想文化等软实力提升的过程。面对"两个大局"，需要准确把握时代发展大势，坚定历史自信和战略定力。做好全过程人民民主的国际传播，应对美西方发起的"民主、人权"价值观围攻，坚信"时与势"在我，坚持以我为主，稳扎稳打，适时转换议题设置及话语叙事，变"被动解释"为"主动作为"。

（二）全过程人民民主的比较优势夯实国际传播底气

全过程人民民主为人类政治文明发展探索出一条新的路径。全过程人民民主是马克思主义民主理论与中国特色社会主义实践相结合的产物，是符合民主本意、更高类型的民主。社会主义事业进行的不仅仅是政治革命，而且是社会革命。在中国，人民掌握着政权，运用国家机器不断追求和创造美好幸福生活，必然要求把民主扩展到政治、经济、文化和社会等领域。与立足于少数人自由的"民主"不同，社会主义中国强调先为人民争得民主，自由也就随之实现，在进入新发展阶段后更加强调从全方位、全领域、全环节保证人民当家作主，凸显出当前中国民主的比较优势。

1. 以人民为中心的制度优势

以人民为中心的全过程人民民主制度优势，通过中国根本政治制度、基本政治制度、重要政治制度得到体现和保证。经过数十年的建设与发展，中国形成了完整的人民当家作主制度体系。人民当家作主制度体系紧紧围绕为人民服务这个中心，实现了民主与集中有机统一，充分调动了人民的积极性，广泛凝聚了社会共识。西式民主表面上号称全民民主，但实际上只为某个群体、某个阶层服务，影响甚至损害大部分群体的利益，总是难以凝聚共识和调动全体人民的积极性。

尊重人民主体地位，保证民主制度的活力。民主的核心是平等，平等体现尊重。全过程人民民主坚持人民的主体地位，中国人民在政治生活等领域时刻能感受到平等的尊重。中国在长期运行的民族区域自治制度、基层群众自治制度等基本制度层面坚持相信和依靠人民，尊重人民的主体地位，鼓励各族群众和大量基层村（居）民团结自主，发挥积极性、主动性、创造性。在西式民主中，政党看重的是选票，用资本来调动积极性，为的是利益。在资产阶级精心设计的特定制度框架下，民众无法享有真正的民主权利，投票改变不了国家的前途和面貌，也改变不了自己的前途和面貌，社会问题越积越多，大量民众有"认命"心理，很少有人会像中国普通人一样对前途充满信心，相信生活会越变越好，西式民主下民众的积极性、主动性自然难以调动和发挥。西方政客做决策时往往迎合部分群体的短期利益，国家的长远利益得不到保障甚至会被忽视，各方面的问题越聚越多，以致到了一定阶段存在总爆发的可能。

广泛凝聚共识，保证民主制度的实效。中国国土广大、民族众多、历史悠久，不同的地域、群体之间容易形成不同的利益诉求，稍不注意就会引起复杂甚至激烈的问题。在全过程人民民主制度框架内，协商民主贯穿在中国民主的整体制度设计中，通过协商充分考虑和照顾各方面的特点、要求等，充分听取和吸收不同群体的意见、建议，形成大家都能够满意的政策、措施，形成"最大公约数"。西式政治制度下所谓的多党自由竞争，维护的是不同政党的利益，每个政党都只代表一部分人的利益，表面上各自表达和坚持各自的观点和意志，实际上很难形成合力；在有些利益可以调和的情况下，为了凸显政党的独特性和攫取最大利益，政党有时会刻意加剧分歧，这就导致各方不但难以达成共识，反而经常互相拆台，故意掣肘。于是，民众希望解决的问题往往被拖延很长时间或者被搁置，难以得到解决。

民主与集中统一，保证民主制度的人民性。民主与集中的有机统一不仅体现在中国的政治制度，也体现在政治和社会生活的各个方面。例如，在人民代表大会制度中，通过人民代表在各级人民代表大会中实现各层级各方面的民意表达和民意传递，在大会上进行集中，形成合力，一旦下定决心就不受牵扯，能迅速稳健地围绕人民的根本利益达到目标。西式政治制度下所谓的多党自由竞争，表面上各自表达了各自的观点、意志，似乎实现了言论自由，但实际上是"各顾各"的局面，很难形成合力，民生问题以及民众希望解决的问题往往拖延很久或者被搁置，难以得到有效解决。实际上，在西方政治制度下也有集中的做法，但其实质是资本与集中。在西方资本集团掌控下，西式民主通过各种制度设计维护着资本的利益，这与中国全过程人民民主里的民主与集中完全不同。

2. 全领域贯穿的理念优势

在中国人看来，民主既是一种政治价值，同时又具有重要的治理功能。全过程人民民主有着明晰的实践指向，坚持以人民为中心的发展思想，在各个领域各个环节实现党和国家政治生活的民主化、经济管理的民主化、整个社会生活的民主化，推动人的全面发展，实现全体人民共同富裕。西式民主政治制度在经济上维护生产资料的私人占有，这导致了人们在政治、经济和社会生活中实际上的不平等。

以平等为民主基础。全过程人民民主以人民为中心，本质体现的是平等问题，在全领域、全环节、全链条保护着人民的平等。在日常状态下，人们对社会主义民主的平等似乎感受不明显，但当新冠疫情等大灾大难来临时，党和政府始终和广大人民群众站在一起，不放弃每一个人的防控救助，平等地保护人民的理念、作用就凸显出来。反观西式民主表面强调人与人之间的平等，但他们所谓的自由才是西式民主的奥妙所在。在西式政治制度和社会中，自由意味着拥有财富和具备获得财富的权力是一种自由，受穷同样是人们的自由，这种自由的观念渗透在西方国家的各个领域。当疫情等灾难来临时，富有的群体享受更多的保护是他们的自由；普通民众无法享受同样的保护也是自由的反映。这也就是为什么西方国家面对疫情虽然防控不力，造成大量民众死亡，但民怨似乎并未激烈爆发的一个基本原因。

重视管用的民主效能。人民民主是社会主义的生命，是全面建设社会主义现代化国家的应有之义。坚持和完善中国根本政治制度、基本政治制度、重要政治制度，拓展民主渠道，丰富民主形式，确保中国人民依法实行民主选举、民主协商、民主决策、民主管理、民主监督，依法通过各种途径和形式管理国家事务，管理经济和文化事业，管理社会事务。中国全过程人民民主实现了过程民主和成果民主、程序民主和实质民主、直接民主和间接民主、人民民主和国家意志相统一，不是作为意识形态标签而是用来为人民群众解决问题的。在民主运行过程中，人民真实地享有民主权利，依法行使选举权利，通过民主方式选举产生人大代表，保证人民的知情权、参与权、表达权、监督权，保证人民的权利和意愿落实到党和政府工作的各方面各环节全过程，确保党和国家在决策、执行、监督落实各个环节都能听到来自人民的声音，具体地、现实地解决人民在实现美好生活向往中的急难愁盼问题。

着眼发展的民主指向。中国的民主不是固步自封、止步不前的，而是不断发展、不断前进的。首先，在中国式现代化过程中，民主不是空洞的意识形态工具，而是有助于国家治理现代化和国家发展的动力。其次，民主本身是随着时代的发展而发展变化的，没有一成不变的民主观。这就体现在中国提出了全过程人民民主，证明了中国的民主是发展的民主。中国始终把民主与"两个百年"的战略目标结合在一起，始终站在民族发展的战略高度来看待民主、治理与发展之间的关系，保持与时俱进，解决国家前进道路上遇到的各种问题。西式民主固执僵化地把自身标准作为所谓"普世"的标准，西方国家还借着自身在军事和经济上的霸权或优势地位，强行向发展中国家开展"民主输出"。事实证明，不以发展为导向的西式民主给许多国家带来的是动荡、混乱，破坏了其他国家的发展。

3. 全方位展现的治理优势

全过程人民民主是中国特色社会主义制度下的人民民主，包括政治民主、经济民主、社会民主和文化民主等，在各个领域和各个方面全面发展和协调统一。全过程人民民主不仅有完备的制度体系，而且将制度体系与实际的治理成效结合起来，不是画在墙上的，是真正用起来的、管用的民主，取得了三方面的成效。

第一，政治稳定。全过程人民民主通过民主选举、民主协商、民主决策、民主管理、民主监督五大环节，让人民的意愿得到充分表达，权利得到充分行使和保障。因此，全过程人民民主是有利于人民当家作主的民主，有利于维护国家统一、民族团结和社会稳定。西方国家不讲求民主的全过程，更多地集中和强调选举环节，而选举之后的西式民主日益失灵、失效、失败，又进一步刺激了西方国家内部社会的日益分化，观点的分歧不断趋向行动的分裂。

第二，经济发展。在政治稳定的基础上，全过程人民民主自然而然地有利于提高生产力，改善生产关系，促进经济社会的发展，最终逐步实现全体人民的共同富裕。这些年来，随着全过程人民民主的不断推进，中国人民不但享有更加广泛、更加充分、更加全面的民主权利，而且建成了世界上规模最大的教育体系、社会保障体系、医疗卫生体系，人民生活环境质量得到大幅改善，取得了前所未有的经济发展奇迹。在西式政治制度下，经济发展的主线被大资本把控，经济发展的红利被高度集中于少部分占据统治地位的阶层，广大劳动人民难以共享经济发展的成果。

第三，社会繁荣。全过程人民民主有利于增强党和国家的领导力，增强社会的活力，调动一切积极因素，实现社会的全面进步。在民主的直接和间接推动下，经济社会的发展成果由人民共享，未来还将不断满足人民日益增长的多方面的权利需求，整个社会的民主法治、思想文化、公平正义、基层治理、环境保护等方面的建设都将获得进一步的统筹发展。这样的发展质量更高、更加公平，使广大人民群众的获得感、幸福感、安全感更加充实、更有保障、更可持续，整个社会呈现出更加繁荣的局面。西式民主由于其本质上存在阶级局限性，各种社会矛盾的积累愈加严重，正在演化为不断制造对抗和加剧社会分裂的民主。

中国的全过程人民民主为世界政治发展贡献了中国原理、中国理念、中国价值，提振了发展中国家自主发展的信心，为那些实现自主发展的国家找到了一条新路。全过程人民民主的成功，是几百年来首个非西方、非资本主义东方大国的政治实践；是不靠殖民掠夺、不靠民族奴役、不靠对外侵略战争的伟大创造。全过程人民民主破茧而出，超越了西式资本统治和对外霸权的政治逻辑，克服了现代化过程中改革发展稳定之间的张力，跨越了各种发展陷阱，破解了各种民主教条和理论迷思。恃强凌弱，以大欺小，是几百年来西方为主导的国际关系体系中的常态。中国推动国际关系民主化，是为推动建设新型国际关系，推动构建人类命运共同体，弘扬和平、发展、公平、正义、民主、自由的全人类共同价值。全过程人民民主的成功，开辟了世界政治史上一条独具特色而卓有成效的发展之路。

（三）理解民主传播叙事的特点

民主既是一个抽象的话语，也是近一百多年来的一个流行理念；既是无数人追求的目标，也是实现目标的手段，兼具价值性和工具性。对外宣传新时代中国的全过程人民民主，应立足中国实际和世界近几百年来的发展趋势，应区分不同的对象要达到的不同效果。明确目标，明确对外宣传全过程人民民主的对象以及期望达到什么样的效果，才能制定合适的外宣策略。

1. 全过程人民民主国际传播的对象与目的

中国发展对世界的经济影响已经毋庸置疑，但对世界的政治影响包括在民主等方面的影响，还处在起步阶段。如何真正有效地使中国的民主和价值观更好地传播到海外值得我们深入思考和探讨。对外传播和对外交往有多个层次和领域，包括官方外交、公共外交、文化外交、民间外交等，其中官方外交通常是外交中最重要的部分。这些交往方式都是全方位外交中重要的组成部分，发挥着不同的重要作用，而且这些不同的作用难以相互替代。根据中国面临的国际形势和对外交往特点，需要大力开展针对外国主要智库和媒体的外交，加强与一些国家的重要智库和媒体精英之间的深入交往。

智库在不少国家的内政外交中发挥着非常重要的作用，智库的观点对媒体有重要影响；社会舆论受媒体塑造。媒体包括传统媒体和新媒体，都在影响和塑造着人们的观点、看法。其中，在由少数大资本掌控的资本主义社会，所谓个人、群体的政治意识受到政治、媒体精英的操控，而个人和群体却以为那是自己自主的政治意识。在此基础上对个人、群体政治意识产生、发展、形成等的所谓心理研究和分析，并且立足上述分析基础而选择研判国际传播的策略，既不符合社会真正的实际，也很难达到预期传播效果。因此，在对外传播全过程人民民主的过程中，应注意找准传播对象，明确传播目的，不做无用之功。

2. 全过程人民民主国际传播队伍的专业性特点

对外宣传全过程人民民主是十分重要且专业的问题，它的传播队伍不但应具备专业研究水平，也应具备多种丰富的传播经验。以往我们很重视媒体的传播作用，其在传播中国美食、茶文化、书法、历史、风景等方面发挥了重要作用。但传播全过程人民民主则不同于上述领域，应将具备对外传播条件的专家与媒体结合起来，共同发挥作用。目前，媒体的条件已广泛具备，但对外宣传全过程人民民主的合格人员则相对很少，这个领域的人员应当至少同时具备以下五个方面的条件。

第一，政治素质过硬。正确的政治立场是做好一切工作的坚实基础，在对外传播工作中这一条尤其重要。

第二，外语优秀。中文在国际上的影响力日益扩大，但并不能完全取代英语、法语、俄语、西班牙语、阿拉伯语等几大语种在社会文化领域中的地位和作用。传播民主这类比较抽象的概念以及在中国的丰富实践，就需要由外语十分优秀的人才来承担。仅仅会外语是远远不够的，但外语不优秀的专家难以满足全过程人民民主对外传播的需要。某些外语专业人才不了解民主的内涵、发展、理念、实践，有的还受西式民主理念影响，因此，在精通外语的基础上，承担传播任务的专家和人员还需要同时具备其他几个方面的本领。

第三，了解中国的民主政治理论和历史传统，并具备比较丰富的国内调研经验。很多驻外人员反映，每当西方人谈及民主、自由等议题时，中方人员由于不熟悉国内在这方面的理论和实践，往往穷于应付，陷于被动，只能按照官方文件照本宣科讲几句。对此，要做好全过程人民民主的国际传播，一方面，需要熟知中国历史和传统价值观。熟悉本国历史、政治等方面的情况，这是对外传播的重要基础。现实来源于历史和传统，熟知中国的历史，尤其是近代史，有助于更好地对外解释今天的现实，解释中国为何能够成功走上一条独特的发展道路。另一方面，对外传播中国特色社会主义民主政治价值观，中方人员应当既具有一定的政治理论知识储备，又要熟悉和了解具体实践，需要具备丰富的国内调研经历。了解国情才能讲好中国故事，不了解国情的外语人才很难做好对外传播工作。对国情的了解需要多年的积累和历练，在积累较为丰富经验的基础上，对外传播时才能够将中国民主的丰富实践和典型案例信手拈来，起到高质量传播效果。

第四，熟悉西方民主政治理论和实践。一方面，与西方交往，民主、自由等价值观问题是一个绕不开的领域，了解西方民主政治的理论及其实践，通过比较东西方不同民主政治理论及其实践，有助于解释中国特色究竟"特"在哪里及阐释其合理性。另一方面，熟悉西方历史和传统。西方的现实来源于他们自己的历史和传统，对西方人的价值观有很大影响，在了解熟悉西方不同发展历史和道路的基础上，通过比较东西方的不同历史环境，能够更有力地解释和传播中国特色。

第五，具有出色的国际交流经验和能力。国际交往不同于内部交往，它面对的是不同文化、传统乃至价值观的另一群人。丰富的国际交流经验，有助于我们有力地发出自己的声音。一方面，目前交流中存在的一个普遍现象是"自说自话"，即对方不熟悉我们的话语体系，我们也不熟悉对方的话语体系，不会用对方熟悉的类似例子或情况来说明问题，很多交流基本停留在介绍一下本单位基本情况的层面，很难有深入交流，更起不到传播作用。另一方面，经历丰富未必等同于能力相当。善于与外方的交往、交流是对外传播的基本素质之一。要善于用外方听得懂的方式和语言说明问题。智库外交首先在于"交"，需要的是能够与对方建立并保持良好关系的人员，而不只是纯懂学术研究的人员。我们很多研究人员的专业学术理论可能很高深，但在人际交往方面并非好手，有的还是学究，难以起到交往、交流的作用。

3. 既有民主国际传播中存在的问题

对外宣传好全过程人民民主不同于以前宣传中国国情，如美食、茶、书法等文化，因此应制定不同策略，注意避免以往外宣的常见问题。以往我们花费了大量经费，使用了大量人力，但传播效果不尽如人意。除了西方掌握着宣传平台的原因外，也有我们自身的问题。这些问题主要体现在将国内宣传理念和方式用于外宣、过度重视外方反应、传统外宣理念存在僵化倾向、宣传目标不够明晰等几个方面。

首先，将国内宣传理念和方式用于外宣。国内的事，领导出面，级别越高，越受重视，但在对外传播上则不一定能够发挥同样作用。毕竟高级别的领导事务繁忙，不太可能经常出席类似的活动，而传播活动需要经常进行，需要保持一定的持续度才有影响力。

领导发言、讲话等一字千钧，内容高度理论化，较为抽象，这对国内受众来说是较易接受和理解的，但对外方受众来说，这几乎是全新事物，在理解上存在很多困难，而专家则可以较好地解决上述问题。

其次，过度重视外方反应。外方媒体、人员等经常对中国有大量负面报道，在采访中方人员时，即使受访者发表的是正面内容，但报道时断章取义、片面曲解的事经常发生，而国内有时会以此为依据对受访者进行处理，这在很大程度上影响了专家作用的发挥。中国全过程人民民主理念的传播应放开手脚，大胆创新，大胆传播，只要不是政治性的有意错误，不必过度重视外方的负面反应和片面反应。过度重视外方反应实际上限制住了中方作用的发挥。

再次，传统外宣理念存在僵化等倾向。中国的官方外宣集中了过多功能，其他领域的外宣手段没有发挥应有作用，自己给自己套上了"紧箍咒"。美国等西方国家的外宣手段很灵活，从来不用官方外宣来限制自己的外宣活动。例如，在外宣领域，经常存在官方不便表态或不便贸然表态的情况，美国、日本等国经常利用智库、学者、个人等渠道和方式发声，影响、试探别国的态度、观点、底线等，进退自如，制造对己有利的外宣氛围。而在这一点上，中国相关机构和个人的功能受到限制，每个人被当成是"单位人观点"而非"个人观点",这是中国传统外宣手段中常见的一个弊病。

最后,外宣目标不够明晰。以往的对外传播根据不同内容需要,有时候的传播对象、受众过于广泛,不易收到预定的传播效果。传播全过程人民民主有很大特殊性,应首先做好外国主要智库和媒体精英的工作。智库外交最大的特点是能够比较直接地影响那些为当地政府制定政策时提供咨询的研究人员,去"影响有影响的人",通过这些"有影响的人"去影响当地社会民众。

(四)探索全过程人民民主国际传播的可行性方案

对外宣传全过程人民民主与在国内宣传有较大差异,中方应避免政府机构直接出面进行外宣。应注重对目标国社会层面宣传的作用,以对方的社会层面宣传为主,政府层面宣传为辅。对不同地区、不同文化背景、不同社会习俗的国家应制定不同的宣传策略,不可搞"一刀切"方式。社会层面的宣传以主要媒体、社会组织、重要智库等机构为主。与这些机构的人员进行交流,甚至培训,通过他们的平台传播中国理念、价值观。

1. 从价值入手，保持政治自信和战略定力

人们在看待一个问题，尤其是别的国家的问题时，通常不会从别国的传统和历史来考虑，更多的只会从自身所受的传统和历史角度来考虑和分析，实际上是在已有价值观的基础上来看待别国事物。这就导致为什么对同一个问题、同一个词语、同一段话，不同国家的人有时会产生几乎完全不同的理解、看法。更有甚者，有的国家、地区或蓄意歪曲历史，或断章取义，或偷换概念，或混淆视听，而且利用其熟悉国际宣传技巧和渠道的优势用英语加以大肆宣传，就更容易使真相被掩盖、歪曲和误读。这就要求我们首先应站稳自己的立场，对自己的价值观有坚定的信心，保持既有的政治自信，形成牢固的战略定力，在此基础上才能以自信而又不说教的方式传播好中国的全过程人民民主以及其他相关问题。为此，首先应对中国历史和现实中的民主有明确的认识和自信。

在价值上应清楚表明中国的民主是以人民为中心的社会主义民主，在中国共产党领导下，人民实现了当家作主。人民当家作主是真实有效的，中国共产党经过长期探索，带领和团结全国人民建立起一整套保障和支持人民当家作主的制度体系，形成了一条卓有成效的中国特色社会主义民主道路，这是中国共产党

和中国人民政治智慧的结晶，是中国共产党和中国人民伟大的政治创造。中国的社会主义民主以人民为根本，同时吸收了中国悠久历史传统文化的精髓和当代人类政治文明的优秀成果，是最适合中国国情与现实的广泛、真实、管用的民主。

以往许多人受西式民主理念影响很大，一谈到中国民主便底气不足，在不知不觉中把西式民主当成"标准"的价值观。因此，应认识到西式民主与中国民主不同的价值根基。西式民主的价值基础是维护资产阶级的利益，而中国人民当家作主的实现形式既不可能从马列主义经典中找到现成的答案，也不可能照搬照抄外国的经验，而是只能在中国共产党领导下，遵循科学的世界观和方法论，由人民在实践中探索和创造。共产党的领导是实现人民当家作主的根本保障。如果没有这个保障，人民当家作主就会变成一句空话。在资产阶级掌握政权的国家中，当家作主的从来都只是拥有大量生产资料的资产阶级及其代理人。中国有着强烈而鲜明的民主追求，这是我们重要的价值立场，而不是按照近代以来西方形成的叙事标准、逻辑、习惯等来讲述中国的故事。

2. 从内容入手，构建中国话语及叙事体系

国际传播，简单来说就是用别人的语言传播自己

的理念，不仅涉及语言问题，更重要的是如何让别人听得懂、看得懂、能理解。这中间包括了表达的方式、渠道、技巧等几个层次。如果我们只是掌握了英语、法语等语言，把自己的东西翻译成了外语，传播的工作只能说是做了一小半。尤其是一些政治、文化理念，翻译成英语并不一定能使对方理解，有不少是有中国特色的语言直译，有时对方即使看得懂这些字面上的文字，但实际仍茫然不知所云。绝大多数外国人并不了解我们的情况，给别人介绍几乎完全陌生的理念、情况、历史、文化、传统等，通常并不是一下子就能获得别人的理解、认同，往往费了很多口舌，还不一定达到宣传效果。但如果能够利用别人所熟悉的知识、历史、文化等找到大致的对应物，则相对容易给人留下深刻的印象，起到事半功倍的效果。

在传播中国民主的内容上，应多宣传中国的成就是在中国政治制度下获得的，这其中主要是中国共产党领导下的民主发挥了重要作用。因为中国共产党来自人民、坚决捍卫人民的利益，激发了人民的积极性、主动性、创造性，这是民主的最好体现。需要讲清楚的是，在社会主义制度下，绝大多数中国人能够安居乐业，实现了从贫困到温饱、从温饱到全面脱贫实现小康的巨大飞跃。社会主义制度实现了人民在经济上和人格上的平等，追求的目标是全民共同富裕，而不只是局限于少数人的富裕。只有在社会主义制度下，人民才有可能在经济上有平等地位，有了经济上的平等地位，才有可能在政治上有平等地位以及在其他各个领域中的平等。就这一意义而言，民主的本质是平等，这个平等只有在共产党领导人民当家作主的条件下才能实现。

在国际领域宣传好、传播好全过程人民民主有着重大的比较意义。因为全过程人民民主是有利于推进"一带一路"建设、共同构建人类命运共同体的民主。过去几百年来，在西方主导的国际体系中，西方国家仗着自己军事和经济上的霸权，长期恃强凌弱，给全球许多国家的人民带来了绵延不断的痛苦。世界各国越来越多的人看清了西式民主的迷惑性和欺骗性。

3. 从理念和手段入手，改善民主国际传播效果

在调整理念和准备好内容的基础上，对外传播全过程人民民主的手段就凸显出重要性，如何在"外交一盘棋"的大局下，发挥不同棋子的不同作用至为关键。传统上往往认为对外传播是外交官的事，但外交官存在很大局限性。外交存在于多个领域和交往层面，但在许多场合外交官重要而敏感的身份反而会受到多方面的限制。中国传统外交思维中，外交官代表政府，一言一行都有重要意义。这种权威身份恰恰也受限制，

因为他们的所有言行都会被对方认为有意识形态的目的在里面，从而产生潜在的、难以逾越的隔阂。而且，外交官本身也不能随便表达自己的观点。相比之下，学者、专家等智库人员的身份则灵活很多，但承担这项任务的学者、专家并非人人皆可。到目前为止，对外传播中国民主的专家呈现两个方面状况：一是中国派遣到外国进行交流的人员通常是国际关系学者，这恰恰很难起到传播中国价值观的作用。中国要向外方传播中方价值观、历史观、政治观等，首先需要的是熟悉中国国情、政治、历史和民主价值观的专家，其次才是熟悉对象国特点的专家。二是中国从事对外传播中国民主的专家往往在本专业领域名气较大，但缺少直接用外语与对方打交道的能力，而通过翻译进行交流的效果则远远不如专家本人直接用外语交流的效果。以上两种对外传播的现状都影响了全过程人民民主以及政治领域对外传播的效果。

在对外传播全过程人民民主等中国价值观、政治制度方面的成就和实践上，我们仍处于起步阶段，有很大的提高和拓展空间。可考虑加大"走出去"和"请进来"的力度。在"走出去"方面，扩展中方智库与外方智库之间的交流与合作机制，与外方智库、政界、媒体人员展开大量交流，而不是简单地做访问学者。因受传统外交理念和纪律的限制，中方人员通常不主动建立和发展与外方人员的关系，因为那样有可能给自己带来麻烦。建立良好的个人关系更容易传播中国的理念，效果好于正式交流。目前中外双方主要智库之间的人员互访较少，交往程度不深，相互了解不够。

在"请进来"方面，实地看一看的效果更有说服力。目前的"请进来"多集中于经济领域。建议邀请外方智库和媒体到中国基层民主政治建设实践搞得好的地方参观访问，通过他们的"嘴"把中国民主政治的特点和大量实践传播到国际上。同时，每年可与外方定期或不定期组织数量不定的小型研讨会，直接与那些有机会在国会做听证和发布报告的研究人员打交道。小型研讨会或论坛的优势在于时间比较充分，有利于双方的深入交流，有利于建立个人交往的基础。大型会议看似隆重，出席的领导级别高，但实际上中方人员与外方人员能够深入交流和充分讨论的时间并不多。

中国的智库是承担传播好全过程人民民主工作"走出去"与"请进来"的自然角色，而非官方外交机构。因为在西方人尤其是西方媒体的理念中，一旦事情由政府出面组织，他们就会认为这是被"安排"的，其可信性会大打折扣。

总体而言，应定期开展跨文化、跨领域的沟通与培训，邀请各方互访，加大交往交流深度，带领目标国主要媒体、社会组织、智库人员实地参访中国各地进行全过程人民民主建设的典型。

全过程人民民主的重大理念自提出以来，相关系列研究不断增多，如何对世界各国尤其是广大发展中国家阐释好全过程人民民主，将是未来一个时期对外传播工作的重点。中国民主的新道路破除了"民主唯西方论"。习近平总书记指出："治理一个国家，推动一个国家实现现代化，并不只有西方制度模式这一条道，各国完全可以走出自己的道路来。可以说，我们用事实宣告了'历史终结论'的破产，宣告了各国最终都要以西方制度模式为归宿的单线式历史观的破产。"[1] 全过程人民民主代表着一种全新的民主观和自主的民主路，是中国共产党人伟大的政治创造，突破了西方民主既往的发展模式和逻辑框架，为世界上谋求自主发展的广大非西方国家走出了一条新路，为人类政治文明百花园增光添彩。这就要求我们准确理解全过程人民民主的内涵，适应国际传播工作的客观需求，精准掌握境外受众的习惯和特点，准确、简洁、有效地做好全过程人民民主的阐释与传播工作。

---

[1] 黄相怀：《做一个思想清醒的人——提升党员干部意识形态能力》，人民出版社 2018 年版，第 18 页。

参考文献

《马克思恩格斯全集》第1卷，人民出版社1956年版。
《马克思恩格斯全集》第10卷，人民出版社1998年版。
《马克思恩格斯文集》第2卷，人民出版社2009年版。
《马克思恩格斯选集》第3卷，人民出版社1995年版。
马克思：《法兰西内战》，人民出版社2018年版。
《列宁选集》第1卷，人民出版社2012年版。
《列宁选集》第3卷，人民出版社2012年版。
《列宁选集》第4卷，人民出版社2012年版。
列宁：《国家与革命》，人民出版社2015年版。
《毛泽东选集》第4卷，人民出版社1991年版。
《邓小平文选》第2卷，人民出版社1994年版。
《江泽民文选》第2卷，人民出版社2006年版。
《习近平关于全面依法治国论述摘编》，中央文献出版社2015年版。
《习近平谈治国理政》第2卷，外文出版社2017年版。

《习近平谈治国理政》第3卷，外文出版社2020年版。

《习近平谈治国理政》第4卷，外文出版社2022年版。

习近平：《决胜全面建成小康社会 夺取新时代中国特色社会主义伟大胜利——在中国共产党第十九次全国代表大会上的报告》，人民出版社2017年版。

习近平：《论坚持人民当家作主》，中央文献出版社2021年版。

习近平：《论坚持推动构建人类命运共同体》，中央文献出版社2018年版。

习近平：《在庆祝中国人民政治协商会议成立65周年大会上的讲话》，人民出版社2014年版。

习近平：《加强政党合作 共谋人民幸福——在中国共产党与世界政党领导人峰会上的主旨讲话》，《人民日报》2021年7月7日第2版。

习近平：《在党史学习教育动员大会上的讲话》，《人民日报》2021年4月1日第1版。

《十八大以来重要文献选编》（中），中央文献出版社2016年版。

《中国共产党第二十次全国代表大会文件汇编》，人民出版社2022年版。

黄相怀：《做一个思想清醒的人——提升党员干部意识形态能力》，人民出版社2018年版。

王绍光：《民主四讲》，生活·读书·新知三联书店

2014年版。

中华人民共和国国务院新闻办公室：《中国的民主》，人民出版社2021年版。

程竹汝：《人大制度内涵的充分展现构成全过程民主的实践基础》，《探索与争鸣》2020年第12期。

全国人大常委会法制工作委员会：《坚持和践行全过程民主 推进新时代立法工作高质量发展》，《求是》2021年第13期。

王阳亮：《人民监督权力：全过程人民民主的内在价值与保障机制》，《探索》2022年第3期。

张君：《全过程人民民主：新时代人民民主的新形态》，《政治学研究》2021年第4期。

王红艳、杨抗抗：《植根中国大地的协商民主》，《人民日报》2021年12月17日第12版。

后　　记

　　党的二十大报告把发展全过程人民民主确定为中国式现代化本质要求的一项重要内容，明确指出全过程人民民主是社会主义民主政治的本质属性，是最真实、最广泛、最管用的民主，并对发展全过程人民民主作出了全面部署。

　　为深入学习领会党的二十大报告关于发展全过程人民民主的最新内容，中国社会科学院社会主义民主研究中心发挥学术优势，深入开展研究，推出本研究报告。目的是充分挖掘全过程人民民主的理论价值和实践意义，坚定不移走好中国特色社会主义政治发展道路，总结人民民主生动实践，构建中国民主叙事。

　　本报告是在中国社会科学院政治学研究所所长、社会主义民主研究中心主任张树华研究员主持下，由中国社会科学院社会主义民主研究中心、政治学研究所科研人员集体合作完成的成果。中国社会科学院政治学研究所副所长王炳权研究员、中国社会科学院政治学研究所陈承新副研究员、中国社会科学院政治学研究所张君副研究员、中国社会科学院政治学研究所杨抗抗助理研究员参与了报告的撰写。南京师范大学公共管理学院院长许开轶教授、中国社会科学院政治学研究所周少来研究员、王红艳副研究员、王阳亮副研究员等专家学者提供学术支持。

本报告系国家社科基金重大·马克思主义理论研究和建设工程重大项目"习近平总书记关于全过程人民民主重要论述研究"（2022MZD010）、国家社科基金重大项目"习近平总书记关于发展全过程人民民主重要论述研究"（21&ZD006）、中国社会科学院国情调研重大项目"全过程人民民主的实践创新与经验探索研究——基于共同富裕先行示范区的民主实践调研"（GQZD2023011）的阶段性研究成果。

《全过程人民民主的理论与实践》智库报告编写组
2022年12月

张树华，中国社会科学院政治学研究所所长兼中国社会科学院大学政府管理学院院长、《政治学研究》杂志主编。兼任中国政治学会常务副会长、中国政策科学研究会副会长、中国社会科学院社会主义民主研究中心主任、中国社会科学院国际中国学研究中心理事长。

主要研究领域：中国政治、世界政治、比较政治、苏联—俄罗斯问题等。主持并完成二十余项国家社会科学基金项目、中国社会科学院重大课题研究。在国内外重要刊物上发表论文、研究报告及文章600余篇；出版学术专著（译著）30余部。研究成果多次获中国社会科学院优秀科研成果奖和优秀对策信息奖。

王炳权，中国社会科学院政治学研究所研究员，中国社会科学院大学政府管理学院博士生导师。承担国家社科基金重大项目"习近平总书记关于发展全过程人民民主重要论述研究"。在《人民日报》《光明日报》《社会科学研究》《行政论坛》《马克思主义研究》《人民论坛》等刊物发文100余篇，出版《当代中国政治思潮研究》《论民族主义思潮》等专著。主要研究领域：政治思潮、政治学理论、当代中国民主政治建设。